전주에서 놀다

고즈윈은 좋은책을 읽는 독자를 섬깁니다.
당신을 닮은 좋은책—고즈윈

전주에서 놀다

김화성 지음

1판 1쇄 발행 | 2009. 3. 25.

저작권자 ⓒ 2009 김화성
이 책의 저작권자는 위와 같습니다. 저작권자의 동의 없이
내용의 일부를 인용하거나 발췌하는 것을 금합니다.

Copyrights ⓒ 2009 by Kim, Hwasung
All rights reserved including the rights of reproduction
in whole or in part in any form. Printed in KOREA.

사진 권태균 일러스트 하수정

발행처 | 고즈윈
발행인 | 고세규
신고번호 | 제313-2004-00095호
신고일자 | 2004. 4. 21.
(121-819) 서울특별시 마포구 동교동 200-19번지 202호
전화 02)325-5676 팩시밀리 02)333-5980
www.godswin.com

값은 표지에 있습니다.
ISBN 978-89-92975-21-6

고즈윈은 항상 책을 읽는 독자의 기쁨을 생각합니다.
고즈윈은 좋은책이 독자에게 행복을 전한다고 믿습니다.

전주에서 놀다

나, 그곳에서 행복했습니다

김화성 지음

책머리에

담장 아래 채송화 곱게 핀 집을 만나믄
그냥 대문을 열고 들어가고 잡다

마당에 들어서서, 아이고 우리 강아지 왔당가,
채송화 같은 울 엄니의 목소리 듣고 잡다

몸이 째깐한 울 엄니
키도 째깐한 울 엄니…

— 이사라, 〈한 송이 채송화〉에서

    사골 국물로 지은 윤기 자르르한 밥, 오동통 알이 톡톡 터지는 톰방한 전주 콩나물, 아긋동맵싸하면서도 입천장에 쩍쩍 달라붙는 순창 고추장, 저 밑바닥 창자까지 꼼지락거리게 하는 막 짜낸 방앗간 참기름, 머릿속이 저절로 맑아지는 매화 향기같이 상큼허고, 깨물 때마다 비닐 공기 방울 맨발로 밟아 터트리듯, 아삭아삭한 미나리, 운봉 한우 육회, 시금치, 고사리, 송이버섯, 표고버섯, 도라지, 당근, 애호박, 오이, 파, 취나물, 깨소금, 숙주나물, 무, 부추, 김, 무 싹, 팽이버섯, 쑥갓, 고춧잎, 깻잎, 황백 지단, 황포 묵에 밤, 은행, 대추, 호두, 잣….

전주비빔밥만 생각하면 배가 부릅니다. 온갖 채소와 곡물, 과실이 다 들어가 있습니다. 입에 침이 스르르 고입니다. 혼곤하고 황홀합니다. 문득 전주 골목마다 곤곤하게 배어 있는 콩나물의 비릿한 냄새가 납니다. 매콤한 고추장 냄새까지 덩달아 따라옵니다.

전주 백반은 또 어떻습니까? 콩이 맨몸으로 누워 있고, 국물이 묽지도 진하지도 않게 보글보글 자글자글 끓고 있는 청국장, 언뜻 된장 맛이 살짝 배인 듯하지만 먹을수록 깊은 맛이 우러나는 시래기국, 묵은 지의 달콤 시원한 맛에 자꾸만 숟가락이 가는 김치찌개, 약간 신 듯 단 듯 매운 듯하면서도 시원한 싱건지 국물, 콩잎, 호박잎에 고사리나물, 가지 무침, 무채, 파지 그리고 온갖 젓갈들.

음식 맛은 주민등록증입니다. 죽을 때까지 바꿀 수도 없고, 잊을 수도 없습니다. 그것은 어머니나 마찬가지입니다. 땅이나 같습니다. 땅은 온갖 채소나 식물들을 기르고, 그것들은 사람을 먹여서 키웁니다. 사람은 땅의 아들이고 음식의 아들입니다.

    전주 음식은 전주 사람들을 만듭니다. 은은하고 온유하고 부드러운 사람들. 하지만 한번 일어서면 목숨을 바쳐 싸우는 사람들. 행복했습니다. 나의 8할은 김제, 전주 등 고향이 키웠습니다.

    뭐시냐 긍께 행복했당께
    징하디징한 시상인 줄 알았는디 생각해 봉께 행복했어야!
    명치 끝으로는 감당 못해도
    잠결에 들리는 느그들 속울음은 안당께

    갠찬해야 나 행복했어야!

— 이사라, 〈한 송이 채송화〉에서

    전주 전북 사람들의 마음을 읽고 싶었습니다. 그 얼과 혼을 그려 보고 싶었습니다. 2007년《새 전북신문》에 1년 동안 한 달에 한 번씩 〈고향 생각〉이란 제목으로 연재한 글입니다. 여기저기 고향 생각이 날 때마다 쓴 글들도 보탰습니다. 때가 맞지 않거나 지면 사정으로 다하지 못한 이야기들은 조금 고치거나 보탰습니다.

  글을 쓸 때마다 늘 어머니의 냄새가 났습니다. 어머니의 젖은 손에서 짭조름 매콤한 김치 젓갈 냄새가 솔솔 풍겼습니다. 백 년은 묵고 묵어 나오는 전주의 곰삭은 맛이 나를 황홀하게 만들었습니다. 헛간 후끈한 거름 같은 아버지 냄새. 시큼털털한 땀 냄새, 갈라진 논바닥 같은 주름진 얼굴. 하늘에서 은싸라기를 뿌려 놓은 것 같은 자운영 봄 벌판. 물 벙벙한 무논에서 밤새 경을 읽어 대는 개구리 동승들. 토란잎에 방울져 떨어지는 둥근 빗소리. 한여름 땡볕 소금기에 절어 짜릿짜릿 저려 오는 손발…. 어찌 꿈엔들 잊힐 리 있겠습니까.

2009년 3월
삼배합장

차례

책머리에

1 쉬이~ 시새 시새~ 새새~   10

2 징게 밍게 외얏밋들 그 빈 들에 서 보라   18

3 살아 숨 쉬는 '밥'   26

4 곰삭은 전주 맛, 화려한 광주 맛   34

5 오메! 날씨가 떠들어 싸터니, 지가 미쳐 부렀네!   44

6 전주 사람덜 시퍼 보여도 얼매나 아긋똥헌디!   66

7 거시기 저시기 머시기   74

8 에너지가 철철 넘치면서도 낮고 유순한 땅 모악산   110

9 푸른 댓잎으로 남은 '혁명아 정여립'   124

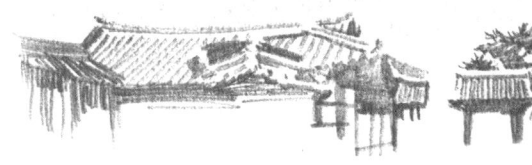

<u>10</u> 추사 김정희와 창암 이삼만　　144

<u>11</u> 전봉준과 강증산　　156

<u>12</u> 영락없는 전주 사람 '벌교 선비 한창기'　　166

<u>13</u> 이창호는 전주다!　　178

<u>14</u> '역사의 지문' 태조 이성계의 얼굴　　186

<u>15</u> 사람언 홍어 속 같이 좀 썩어야 꽃이 되는디…　　194

<u>16</u> 의자 몇 개 내놓을 도시　　204

<u>17</u> 꽃자리　　216

1
...

쉬이~ 시새 시새~ 새새~

오라버니 오라버니 오라버니 날 시집 보내주
작년에는 오줌 쌍게로 시새 시새 새새 하더니
올 8월에는 오줌 쌍게 왜철철 왜철철 하네
내 건너 꼬부랑 암소 팔아서 날 시집 보내주

 눈을 감습니다. 어릴 적 내 살던 징게(김제) 농민들의 들노래가 귓가에 들려옵니다. 아릿한 아픔이 가슴 저 밑바닥으로부터 목울대를 타고 올라옵니다. 그렇습니다. 우리는 모두 그 시절을 그렇게 살았습니다. 우리 육 남매도 한 이불을 덮고 그렇게 자랐습니다. 추운 겨울밤, 초저녁 구들방은 참으로 따뜻했습니다. 온종일 들로 산으로 천방지축 뛰어다니던 나와 내 동생은 저녁을 먹으면 금세 곯아떨어졌습니다. 형들과 누나들은 동네 마실을 나갔습니다. 홀로 계신 어머니는 구멍 난 양말을 깁거나 가축들 추울세라 닭장과 돼지우리를 살폈습니다. 전깃불도 안 들어오던 그 시절, 들판 끝자락에 엎드려 있던 우리 동네는 참으로 아늑했습니다.

새벽이 되면 방바닥이 식기 시작합니다. 난 새우등처럼 웅크리

고 이불 속을 파고듭니다. 그렇지만 이불은 언제나 형이나 누나들 차지입니다. 육 남매가 이불 쟁탈전을 시작한 것입니다. 방바닥은 이미 차디차게 식어 이불이 없으면 그대로 노천이나 다름없습니다. 나와 동생은 힘이 부족합니다. 아무리 이불을 잡아당겨도 꿈쩍도 하지 않습니다. 몸은 굽은 새우를 지나 이젠 똬리를 열두 번쯤 튼 뱀처럼 어디가 머리이고 어디가 퀴퀴 냄새나는 발인지도 모를 정도입니다. 게다가 왜 그리 오줌보는 터져 나가려 하는지…. 하지만 일어나 '쉬' 하러 가는 일은 죽기보다 싫습니다. '어휴, 밖은 엄청나게 추울 텐데. 고추가 금방 탱탱 얼어 버릴 텐데….' 그때 형들이 먼저 일어나 문밖 마루 끝에 있는 놋요강에 쉬를 합니다. "철철철…." 그 소리가 나이아가라폭포 떨어지는 것처럼 시원스럽습니다. 오줌발이 요강 위쪽에 떨어질 땐 그 소리가 절간의 풍경 소리처럼 청아하기조차 합니다. 넓은 놋요강이기 정말 천만다행입니다. 작은 사기요강이었다면 마루가 그만 한강이 됐을 것입니다.

  오줌 누는 것도 금세 전염됩니다. 이번엔 누나들 차례입니다. 누나들 오줌 소리는 아주 조심스럽습니다. 처음엔 "시새 시새 새새" 하다가 나중에 "쏴아" 하고 바뀝니다. 형들은 씩씩하고 시원스러웠는데 누나들은 조심스럽고 부드럽습니다. 꼭 내 귀에 대고 "밥 먹었냐. 어디 아픈 데 없지? 자, 이젠 쉬~하고 자야지"라고 속삭이는 것 같습니다.

 이쯤 되면 나도 어쩔 수 없습니다. 비틀비틀 일어나 문을 열고 마루로 나갑니다. 찬 기운이 확 다가와 내 몸을 움찔하게 만듭니다. 저만치 마루 구석에 너부데데한 놋요강이 빙긋이 웃으며 앉아 있습니다. 주위 마룻바닥은 온통 오줌 파편으로 질펀합니다. 용케도 그 틈새를 내 발이 비집고 들어가 정자세를 취합니다. "또르륵 또르르르… 출출출." 꼭 '또랑물' 흘러가는 소리입니다. 아직 형들처럼 우렁차진 않습니다. 그래도 내 다음 차례인 동생보다는 훨씬 소리가 큽니다. 동생은 "촐촐촐~." 아직 사나이의 그 소리가 아닙니다. '아무렴, 아그야, 밥 좀 한참 더 먹어야 되겠다, 이~잉?'

 찢어지게 가난한 빈촌, 게다가 아버지 어머니까지 일찍 여의었습니다. 오빠가 가장으로 나설 수밖에 없었을 것입니다. 동생들

은 많고 물려받은 것은 가난뿐, 오빠는 얼마나 힘이 들었을까요? 그런 오빠를 여동생이 몰랐을 리 없습니다. 그래서 앞집 꽃순이가 시집간대도, 뒷집 복순이가 강 건너 떠꺼머리총각한테 시집간대도, 묵묵히 집안일을 맡아 하며 오빠 뒷바라지만 했습니다. 그렇다고 속마음까지 그런 건 아니었을 것입니다. 밭에서 김을 맬 때나, 남의 집에 품팔이 나갔을 때, 자신도 모르게 맺혔던 슬픔이 노래가 되어 나오는 것까지 어떻게 막을 수 있었겠습니까? "오라버니, 오라버니, 나 시집 보내 줘. 응? 작년엔 오줌 누니까 '시새 시새 새새' 하더니 올 8월 오줌 누니까 '왜철철 왜철철' 한단 말이야."

얼마나 시집가고 '자팠으면' 어릴 적 내가 들었던 형들의 오줌 소리보다 더 큰 '왜철철 왜철철' 소리가 났을까요? 표현도 참 질박하고 소박합니다. 잔잔한 웃음이 입가에 맴돕니다. 그러면서 한편으론 가슴이 '짠~' 합니다. 더구나 집에는 늙고 병든 꼬부랑 암소 한 마리밖에 없습니다. 두말할 것도 없이 그 소는 집안에서 없어서는 안 될 재산 목록 1호일 것입니다.

큰누나는 예수님 팬입니다. 가끔 눈에 불이 들어 있을 때도 있습니다. 무섭습니다. 지하철 안에서 "지옥 불에 떨어진다"며 으름장을 놓는 사람들이 생각납니다. "교회 가라. 술 먹지 마라. 집에 일찍 들어가라. 건강 조심해라." 보통 잔소리가 아닙니다. 한 나무에서 난 잎이지만, 생각은 이제 천 리가 넘게 벌어졌습니다.

5년 전 어머님이 돌아가셨습니다. 남편 없이 홀몸으로 39년간을 오직 육 남매만을 위해 사시다가 돌아가셨습니다. 어머님을

징게 황토밭에 묻고 얼마 후, 지나가는 이야기로 큰누나에게 옛날 겨울밤 놋요강에 오줌 누는 애기를 했습니다. 왜 누나들은 오줌 소리가 '시새 시새 새새' 하다가 나중에 '쏴아' 했느냐고 물었습니다. 큰누나는 금세 뒤집어졌습니다. 배꼽을 잡고 한참동안 방을 뒹굴며 웃고 또 웃었습니다. 그러면서 "어찌 웃었는지 눈물이 다 난다. 썩을 놈." 하며 나에게 곱게 눈을 흘겼습니다. 그러는 큰 누나가 꼭 어머니 같았습니다. 나도 눈물이 살짝 났습니다.

2
...

징게 밍게 외얏밋들
그 빈 들에 서 보라

겨울이 추우면 추울수록
이듬해 살아나는 청보리는
더욱더, 한층 더 푸른 법이라고.

더럽혀진 땅에 빨래하는 보리들이
우우 일어나는 벙어리의 몸짓으로
벌떼처럼 지그재그로 치달린다.

목화씨를 배던 땅에
함박눈이 내리면
멧새들 포르르 날아오르고
대밭의 비비새는 비비비비
그게 아니라고 非非非非
피 묻은 역사책을 물어 나르고.

징게 맹경 외얏밋들
끝없이 펼쳐진 청보리밭

저 멀리 눈을 들어 올리면

서해 낙조 눈시울 그렁그렁

동서로 120리, 남북으로 200리

하늘땅이 스며드는 지평선상에

풋풋한 봄으로 염색을 한다.

― 황송문, 〈외앗밋들 I〉 전문

겨울 징게 밍게 빈 들에 한번 서 보십시오. 매급시 부끄러워집니다. 왜 그리 아등바등 살았는가. 뭘 그리 악착스럽게 굴었는가. 눈 이불 덮은 벌판. 가진 것 다 내줘 더 허허로운 빈 들. 새들도 날지 않고, 매서운 바람소리만 잉잉거립니다.

마을 탱자나무 고샅길 알몸 드러내 놓고 서 있는 감나무·오동나무·은행나무 들. 살을 에는 찬바람에도 지그시 신음 삼키며 묵묵히 서 있습니다. 부르트고 갈라진 언 살. 껍질에 번지는 부석부석 마른버짐…. 어느 빈집 뒤란 감나무엔 아직도 감들이 주렁주렁 매달려 있습니다. 가지 끝에서 흔들거리는 붉은 감들. 무슨 미련이 남아 쪼글쪼글한 육신 찬바람에 내놓고 있을까요. 주인 없는 것도 서러운데 까막까치조차 눈길 한번 주지 않습니다.

　모악산에 올라가 온종일 그 너른 빈 들을 굽어봅니다. 할머니 빈 젖처럼 말라붙은 겨울 만경강과 동진강. 강둑 마른 갈대들이 몸을 부비며 서걱서걱 우는 소리가 귓가에 들립니다.

　만경강(80.86킬로미터)은 싸드락싸드락 S자로 서해로 나갑니다. 그 아래쪽에선 동진강(44.7킬로미터)이 여기 기웃 저기 기웃 양반 걸음으로 바다로 향합니다. 만경강과 동진강 사이는 20킬로미터 남짓. 형과 아우가 도란도란 이야기하며 서방정토 여행길에 나서는 모습입니다. 실핏줄 같은 전주천·소양천·고산천은 만경강으로 스며들고, 정읍천·원평천·고부천은 동진강으로 젖어 듭니다. 갑오년 원평천에선 농민군들이 배수의 진을 치고 싸우다가 '송장배미'에 몸들을 묻었습니다.

　"개앵~갱갱~깨앵~깨~깽~" 저 들판 멀리 아련히 들려오는 깽매기 소리. "어럴러~상사뒤여~" 정월 대보름날 동네 장정들의 우렁우렁한 울력 소리. "썩을, 염병, 지랄, 오살, 육실, 호랭이가 열두 번 차갈…" 마을 아낙네들이 곱게 눈 흘기며 퍼붓는 '감

만경강

미로운 어조사' 욕 소리. "씨이~익 씨익~" 동지섣달 긴긴밤 등잔불 심지의 석유 빨아들이는 소리. "후르륵~벌컥" 싸락눈 싸락싸락 내리는 밤, 얼음 조각 동동 뜬 싱건지 먹는 소리. "철커덕 덜컥" 사랑채 동네 머슴들 가마니 짜는 소리. "휘이~잉" 후미진 고

전주에서 놀다

샅길 휘돌아 나오는 쌩한 바람 소리. 눈을 밟으면 발밑 개구리 울음소리, 고슴도치 뒤척이는 소리, 도마뱀 하품 소리. 동굴 속 반달곰 부스럭거리는 소리, 황금박쥐 날개 펴는 소리, 다람쥐 알밤 까먹는 소리.

놀라워라. 살아 있는 것들은 모두, 동짓달 긴긴 밤을 한허리씩 베어 내어, 거기에 가만히 소리를 싣습니다.

눈밭에 파릇파릇 올라오는 보리 싹. 꽁꽁 얼어붙은 땅 뚫고 우우우 올라오는 줄기찬 생명력. 그 부드럽고 여린 것들이 어떻게 철벽 같은 언 땅에 숨구멍을 낼까요?

마른 벼 포기만 남은 빈 들. 신새벽 구불구불 논두렁 길 따라가며 하늘을 보면, 금싸라기 은싸라기 별들이 우르르 머릿속에 박혀 온몸이 시립니다.

하늘과 땅이 맞닿은 빈 들에 떡가루 같은 숫눈이 펑펑 내리는 날, 그 아슴아슴한 저녁밥 짓는 냄새. 밥물에 익히는 고구마 냄새. 시큼 퀴퀴한 홍어 냄새. 쫄깃쫄깃 찰지고, 입에 착 달라붙는 아득한 살점. 묵은 지에 삶은 돼지고기 곁들여 막걸리 한 사발 들이켜면, 오호! 아련하게 피어오르는 저릿한 아픔. 창으로 찔린 상처 삭히고 또 삭혀서, 입안 가득 피우는 곰삭은 '살덩이 꽃'. 뼈까지 오도독 씹히며, 암모니아 진한 속울음 우는 '붉은 두엄 꽃'.

"오메, 씨언 뜨끈허고 매콤헌 것", 전주 남문시장 콩나물 국밥. "아따, 매콤달콤한 시래기 맛", 완주 화산 붕어찜마을. 혀끝 얼얼하게 화끈화끈한 불닭. 입안에 불 활활 타오르는 낙지볶음. 고추양념에 고추기름까지 온몸 짜릿짜릿하게 하는 짬뽕. 눈물콧물 범벅에 땀 뻘뻘, 정신까지 아득한 아귀찜. 그 환부 없는 매운 통증의 황홀. 청양고추의 톡 쏘는 쾌감. 땅거미 어둑어둑. 참을 수 없는 매운 것의 유혹.

그렇습니다. 징게 밍게 빈 들에 서면 징 소리·깽매기 소리·장구 소리가 들립니다. 발밑 들꽃 새순 올라오는 소리가 들립니다. 탱탱 불어 터지며 봄이 익는 냄새가 납니다. 봄나물 풋것들의 비릿한 냄새가 솔솔 풍깁니다. 홍어의 그 지릿한 냄새가 아지랑이가 되어 피어오릅니다.

  징게 밍게 너른 빈 들에 홍시처럼 발그레 익는 노을. 낮게 엎드린 마을마다 나무부처들이 '맨살 동안거'로 한 소식 얻고 있습니다.

3
...

살아 숨 쉬는 '밥'

 연둣빛 세상이 점점 푸릇푸릇한 보리밭 색으로 변해 갑니다. "제~엔장!" 아니 "되~왼장! 고추장 천장 마룻장 구들장 초화장 초화장 장화초? …." 에고머니나! 벌써 5월입니다. 장꽝 옆에 봉숭아, 채송화가 벌써 우우우, 오종종하게 자랐습니다. 까르르! 막내딸년 웃음이 나팔꽃 꽈배기 등줄을 타고 피어오릅니다.

어젯밤 또 펐습니다. 휴지처럼 구겨져 방구석에 처박혔습니다. 왜 사내들은 만날 때마다 술만 퍼 마실까요? 무슨 할 말이 그리 넘쳐 게워 내고 또 게워 낼까요? 왜 황야의 늑대들처럼 앙앙불락 울부짖을까요?

> 입술은 술의 입. 입을 가진 액체는 술밖에 없다. 술은 빨아들인다. 술 마시는 사람은 술 안으로 사라지고 만다. 몸 안으로 들어간 술은 모두 몸 밖으로 입만 내민다. 붉은 입술로 치장하고 있는 취한 사람의 몸
>
> — 채호기, 〈너의 입술〉에서

신새벽 '타는 목마름'으로 눈을 떴습니다. 역시 '입을 가진 액체'는 술밖에 없습니다. '술 한 잔에, 천 개의 입'입니다. 냉수를 벌컥벌컥 들이켭니다. 입안이 깔깔합니다. 어디 속 좀 풀게 '시원하고 맛난 거' 없을까요? 서울엔 전주 남문시장의 콩나물 해장국집도, 다시마 국물 맛이 '씨~언헌', 홍지서림 어름의 왱이집도 없습니다. 그저 라면 국물이나 중국집 짬뽕 국물로 쓰린 속을 달랠 수밖에 없습니다.

　그렇습니다. 군대 시절, 나를 키운 건 8할이 '라면에 소주'였습니다. 푸른 숲, 푸른 하늘, 푸른 군복. 모든 게 똑같았습니다. 똑같이 행진하고, 똑같이 말하고, 똑같이 생각하고, 똑같은 밥과 반찬을 먹고, 똑같은 색의 똥을 누었습니다. 하지만 그렇다고 똑같은 꿈을 꿀 수는 없었습니다. '라면에 소주'는 한줄기 '산소'였습니다. 아니 '내가 살아 있다'는 표시였습니다. 삼천 평이나 될까 말까 한 강원도 인제 원통 하늘이 구만리장천으로 바뀌는 것도 바로 그 순간이었습니다.

　황음무도(荒淫無道)한 강호 세상. 이젠 '소주와 삼겹살'이 내 인생 8할을 키웁니다. 강호에선 언제 누가 비수를 날릴지 모릅니다. 어느 시러배 자식이 암기를 날릴지 모릅니다. 모두들 핏발 선 눈으로 "돈! 돈!"을 외치며, 틈을 노립니다. 두렵습니다. 무섭습니다. 모두들 소주에 절어, 불판에 삼겹살을 굽기 바쁩니다.

아버지는 '막걸리에 풋고추'면 그만이었습니다. 막걸리 한 사발 '쭈욱~' 들이켠 뒤, 텃밭의 풋고추 '뚜욱~' 따다가, 된장에 '푸욱~' 박아 먹으면 됐습니다. 어머니는 웬만한 것은 모두 밥솥에 쪘습니다. 밥물에 익혔습니다. 계란찜 하나도 밥물이 뱄습니다. 새우젓으로 간을 맞추고, 쪽파와 고추를 썰어 넣은, 밥물이 살짝 들어간 계란찜이라니….

밥풀이 덕지덕지 붙은 고구마나 감자가 얼마나 맛있는지 요즘 아이들은 알기나 할까요?

밥물이 밴 가지나물을 손으로 쭉쭉 찢어 통깨 좀 넣고, 참기름에 조물조물 무쳐 먹으면 또 얼마나 새콤한가요? 찬밥 한 덩이에, 찐 가닥김치 척척 걸쳐서 먹으면 그 맛은 또 어떻습니까?

쑥밥, 무밥, 콩나물밥은 밥을 좀 질게 해야 합니다. 그래야 참기름 친 양념 조선간장에 쓱쓱 비벼 먹기 좋습니다. 아하, 혀끝에 걸리는 콩나물 냄새와 쑥 냄새. 씹는 맛, 깨무는 맛에 배부른 줄 모릅니다. 요즘 애호박에 단물이 쩍쩍 올라옵니다. 고추 숭숭 썰어 넣고 새우젓으로 간을 맞춘 애호박국. 기름이 둥둥 흐릅니다. 거기에 식은 보리밥 한 덩이 말아 먹으면 트림이 "끄~윽" 나옵니다.

구수한 밥물에서 익은 것들, 밥풀이 흰 수염처럼 붙은 하지감자 먹으며 축구 중계를 보고 싶습니다. 더운 기운이 용솟음치는 밥, 생명의 기운이 철철 넘치는 밥을 먹고 싶습니다. 하다못해 따뜻한 아랫목에서 꽃보자기 쓴 채, 다소곳이 일 나간 식구를 기다리고 있는 '고봉밥'을 먹고 싶습니다.

오랜만에 집에 일찍 들어갑니다. 집엔 아무도 없습니다. 적막강산. 아내도, 아이들도 보이지 않습니다. 뭐가 그리들 바쁠까요? 할 수 없습니다. 밥은 보온밥솥에서 '식은 땀'을 줄줄 흘리고 있습니다. 그냥 덩어리로 뭉쳐 있는 풀 죽은 밥. 찰기라고는 전혀 없습니다.

라면을 끓입니다. 그리고 그 국물에 굳은 밥 한 덩이를 넣습니다. 그 밥이 꼭 내 인생 같습니다. 그렇습니다. '라면에 소주'가 어느 날 '삼겹살에 소주'로 변했습니다. 그리고 이제 다시 '라면 국물에, 굳은 밥 한 덩이'가 됐습니다.

전주 밥상

혼자 먹는 밥은 쓸쓸하다

숟가락 하나
놋젓가락 둘
그 불빛 속
딸그락거리는 소리

그릇 씻어 엎다 보니
무덤과 밥그릇이 닮아 있다
우리 生에서 몇 번이나 이 빈 그릇
엎었다
되집을 수 있을까

창문으로 얼비쳐 드는 저 그믐달
방금 깨진 접시 하나.

— 송수권, 〈혼자 먹는 밥〉 전문

전주 밥집들 밥은 아직 살아 있습니다. 김이 무럭무럭 나고 기름이 자르르 흐릅니다. 굳이 소문난 집을 찾을 필요도 없습니다. 어쩌면 뒷골목 허름한 밥집이 더 어머니 손맛이 납니다. 자글자글 끓고 있는 된장 뚝배기. 그 속에서 두께두께 썰어 넣은 두부와 애호박이 자꾸만 어깨를 들썩입니다. 햐~아! 그만 "꼴깍!" 침이 넘어갑니다. 아무래도 이번 토요일엔 식구들 데불고 전주 한번 내려가야 하겠습니다.

4
...

곰삭은 전주 맛, 화려한 광주 맛

배롱나무 붉은 꽃이 우르르 피었습니다. 길가에도 피고, 절 마당에도 피었습니다. 매끄러운 줄기 끝에 다발로 핀 꽃. 여름 내내 피고 지고, 지고 핍니다. 왜 배롱나무는 껍질을 훌훌 벗어 버렸을까요? 실오라기 하나 걸치지 않은 알몸에 붉은 꽃. 섹시합니다. 옆구리에 간지럼 밥 먹이면 까르르 까르르 온몸을 비틉니다. '간지럼 나무' 입니다.

김제 금산 청도리 귀신사(歸信寺) 대적광전 앞마당에도 배롱나무 붉은 꽃이 화르르 피었습니다. 한때 금산사보다 몇 배나 더 컸던 가람. 이곳저곳 다시 짓고 고치긴 했지만, 아무래도 낡고 손때가 묻어 여기저기 검버섯이 피었습니다. 곱게 늙은 절. 배롱나무도 뼈만 남았습니다. 세속의 모든 껍질을 훌훌 털어 버린 깡마른 몸매. 가만히 귀 대어 보면 노승의 마른기침 소리가 들립니다. 해탈 꽃인가요? 어떻게 저런 나이에, 저리도 고운 꽃을 피울 수 있을까요? 절간 뒤란의 수런거리는 소리. 키 작은 야생 차나무들이 마른 몸을 서걱대고 있습니다. 텅 빈 공터에 뎅그러니 서 있는 돌탑과 남근석(男根石). 수백 살 늙은 팽나무와 느티나무가 "애들은 가라"며 빙그레 소 같은 웃음을 짓고 있습니다.

김제 귀신사 대적광전과 배롱나무

팽나무와 느티나무 사이 돌계단에 앉아 앞쪽 너머 백운동 올라가는 길을 물끄러미 바라봅니다. 우리 땅 구석구석을 매주 밟고 다니듯 걸어 다니는 신정일 선생의 명당자리입니다. 신 선생은 우울하거나 답답할 때마다 이곳에 앉아 백운동 올라가는 길을 몇 시간이고 하염없이 바라봅니다. 미륵도인들이 용화세상을 꿈꾸며 살았던 동네. 지금은 대부분 떠나고 예닐곱 집만 남아 있습니다. 그들은 모두 어디로 갔을까요? 후천개벽의 세상을 찾아 또 어디론가 떠난 것일까요?

백운동 올라가는 길은 선천 시대에서 후천개벽의 시대로 가는 길입니다. 모두가 함께 잘사는 대동세상으로 가는 통로입니다. 구불구불 실오라기 같은 길이 산 너머 아득히 사라집니다. 마치 그곳에 도솔천이 자리 잡고 있는 듯한 생각이 저절로 듭니다.

무간도(無間道). 바늘만큼의 틈도 없습니다. 사방이 꽉 막혀 있습니다. 길은 없습니다. 덥습니다. 전주는 아예 푹푹 찝니다. 찜통 속의 연가. 뱃속에선 연신 '콩나물국밥이 당그래질'을 합니다. 입맛을 다십니다. 왱이집에 가 볼까? 아니면 남부시장 현대옥에 가 볼까나…. 무를 넓적넓적 두께두께 썰어 넣고, 밤새 달인

전주 콩나물국밥

뜨끈뜨끈한 다시마 국물. 왱이집에서 땀 한 사발 쏟고 나면, 소나기 맞은 것처럼 개운합니다. 청송과 영양의 명물 청양고추의 칼칼한 국물 맛. 깨물 때마다 톡톡 알이 터지는, 아삭아삭 여린 콩나물의 비릿하고 풋풋한 맛. 남부시장 현대옥 콩나물국밥 집은 '찜질 밥집'입니다. 일단 들어가 비 오듯 땀을 흘리고 나면 '씨언 녹작지근' 합니다.

'전주식 홍어무침'도 있습니다. 전주 음식은 화려하지 않습니다. 전주 사람들이 그렇듯 언제나 은근짜하고 시간이 지날수록 맛이 새록새록 솟아나는 중간색입니다. 파스텔화 그림입니다. 목포의 삼합이나 푹 삭은 홍어회처럼 톡 쏘지 않습니다. 광주의 음식들처럼 화려하거나 요란하지 않습니다. 전주 홍어무침은 잘게

썬 홍어에 배와 미나리 등 상큼한 야채 그리고 갖은 양념을 넣어 버무리면 됩니다. 스르르 입에 녹습니다. 황홀합니다.

전주는 땅이 옴팡진 분지(盆地)입니다. 덕진 쪽만 빼놓곤 사방이 산으로 둘러싸여 있습니다. 풍수가들은 '배가 막 떠나려는 듯한 행주형(行舟形)'이라고 합니다. 용머리고개가 뱃머리이고, 툭 터진 덕진 들판 쪽이 배꼬리인 셈입니다. 배의 기관실은 전라관찰사 자리(옛 도청)이고, 선장실은 경기전 어름에 있다고 보면 되겠습니다. 덕진 벌 너머는 망망대해입니다. 뱃머리를 동여맨 밧줄은 저 멀리 평지돌출한 모악산에 단단히 비끄러매져 있습니다.

그래서일까요? 전주 사람들은 함부로 움직이지 않습니다. 나부대지 않습니다. 안온하고 튀지 않습니다. '텔레비전에 내가 나왔으면 좋겠다'고 생난리치지 않습니다. 전주 밥상은 품위가 있고 풍요롭습니다. 넉넉하고 여유가 있습니다. 반찬 하나하나마다 곰삭고 깊은 맛이 우러납니다. 강그럽습니다. 간간하고 은은합니다. 곤곤하고 조선간장 맛이 배어 있습니다.

광주 음식은 화려합니다. 금세 입에 쩍쩍 달라붙습니다. 한마디로 '개미'가 있습니다. 타지에서 처음 간 젊은 사람들은 그 맛에 열광합니다. 목포·무안·완도·여수·해남·강진·영암에서 나는 온갖 해산물과 순천·승주·장성·담양·나주·구례에서 나는 푸성귀들이 만나 꽃을 피웁니다. 토하젓·돔배젓·진굴젓·밴댕이젓·고록젓·갈치창젓에 연포탕·매생이탕·세발낙지하며, 날된장·강된장·갓김치·묵은 지·참게장·더덕장아찌·마늘장아찌·깻잎장아찌 등 없는 게 없습니다.

 대한민국 식당은 이미 오래전에 전라도 음식으로 통일됐습니다. 서울은 물론이고 부산·대구도 웬만한 식당은 하나같이 전라도식입니다. 그 중심엔 늘 전주가 있었습니다. 하지만 이젠 아닙니다. 요즘 사람들은 화려한 광주 음식을 더 좋아합니다. 전주식 백반은 이미 영암·해남·강진·순천의 소문난 남도 백반보다 인기가 떨어집니다. 광주의 유명 백반 집과는 더 말할 것도 없습니다. 서울 강남의 유명 백반 집은 대부분 광주가 뿌리입니다.

 광주 음식은 철따라 변화무쌍합니다. 그만큼 싱싱한 해산물이나 밭작물의 가짓수가 많습니다. 게다가 묵은 지, 장아찌 등 곰삭은 음식들도 전주 못지않습니다. 아니 젓갈은 가짓수나 맛에서 훨씬 뛰어납니다. 전주 음식은 수십 년 전이나 지금이나 똑같습니다. 묵은 장맛이 우러납니다. 하지만 나이가 지긋한 어른들은 몰라도 요즘 젊은이들은 그런 맛을 못 느낍니다. 은은하거나 곰삭은 맛을 싫어하거나 아예 그런 맛을 느낄 혀를 가지고 있지 못합니다. 아주 맵거나 톡 쏘는 등 자극이 강한 음식을 좋아합니다.

전주 음식은 싱싱한 것보다는 곰삭은 것 위주입니다. 소위 삭임새가 있는 것들이 대부분입니다. 철따라 나오는 신선한 것들이 적습니다. 해산물도 갈수록 가짓수가 줄어듭니다. 새만금 때문에 개펄이 죽어서 그런가요?

광주 음식은 끊임없이 변합니다. 젊은층의 입맛에 맞추기 위해 퓨전 음식들을 자꾸만 선보입니다. 때로는 젊은이들이 좋아하는 '달달한 왜간장 맛'도 서슴지 않습니다.

전주라는 배가 밧줄을 끊고 망망대해로 나가면 어떻게 될까요? 옛 전주 사람들은 '큰일 난다'고 생각했습니다. 복이 한순간에 몽땅 달아난다고 여겼습니다. 옛날 덕진 벌판에 나무를 심어 숲을 만든 것도 바로 그런 이유입니다. 배가 떠나지 못하도록 숲으로 막아 버린 것입니다. 일제시대 용머리고개에 길을 낼 때나, 전라선 철길을 뚫을 때도 마찬가지입니다. 전주 선비들은 목숨을

걸고 반대했습니다. 용머리를 끊으면 전주가 망한다고 생각했습니다. 철로가 전주 중심을 통과하면 배가 바닷물에 가라앉아 버린다고 여겼습니다. 결국 철로는 도시 바깥쪽으로 났고 전주역은 전주성 밖 외곽에 들어설 수밖에 없었습니다.

 전주 음식은 전주 사람들이 2천 년 동안 피워 낸 붉은 꽃입니다. 그 꽃엔 전주 사람들의 기쁨, 고통, 한숨이 어려 있습니다. 전주 사람들은 이제 새로운 '음식 꽃'을 피워야 합니다. 큰 바다로 나가야 합니다. 뱃머리의 칭칭 묶었던 동아줄을 끊어 버려야 합니다.

 전주에서 한 음식 한다는 숙수들은 이젠 주방에만 머물러 있으면 안 됩니다. 적어도 한 달에 한 번쯤은 전국의 소문난 집에 가서 남의 손맛도 봐야 합니다. 광주·순천·해남·강진의 한정식 맛도 보고, 광주의 내로라하는 집도 가 볼 일입니다. 사실 전국의 최고 맛집들은 서울에 다 올라와 있습니다. 그런 곳도 한번쯤 돌아보며 새로운 음식을 만들어 내야 합니다. 비빔밥이란 게 뭔가요? 천하의 모든 음식을 한데 섞어 하나로 만드는 것 아닌가요? 시대는 변합니다. 사람도 바뀝니다. 입맛도 따라 변합니다.

대적광전 앞 만개한 배롱나무 꽃

세상에 열흘 가는 꽃은 없습니다. 하지만 귀신사의 늙은 배롱나무는 백 일 동안이나 끊임없이 붉은 꽃을 토해 냅니다. 그 꽃엔 불볕더위 한 줌, 살얼음 추위 한 줌, 칼바람 한 줌이 녹아 있습니다. 천둥과 번개 그리고 구름과 햇볕이 조금씩 들어 있습니다. 늙은 나무는 그것들을 한데 녹여 붉디붉은 꽃을 피웠습니다.

5
...

오메! 날씨가 떠들어 싸터니,
지가 미쳐 부렀네!

모난 밥상을 볼 때마다 어머니의 두레밥상이 그립다.

고향 하늘에 떠오르는 한가위 보름달처럼

달이 뜨면 피어나는 달맞이꽃처럼

어머니의 두레상은 어머니가 피우시는 사랑의 꽃밭.

내 꽃밭에 앉는 사람 누군들 귀하지 않겠느냐.

식구들 모이는 날이면 어머니가 펼치시던 두레밥상.

둥글게 둥글게 제비 새끼처럼 앉아

어린 시절로 돌아간 듯 밥숟가락 높이 들고

골고루 나눠 주시는 고기반찬 착하게 받아먹고 싶다.

세상의 밥상은 이전투구의 아수라장

한 끼 밥을 차지하기 위해

혹은 그 밥그릇을 지키기 위해, 우리는

이미 날카로운 발톱을 가진 짐승으로 변해 버렸다.

밥상에서 밀리면 벼랑으로 밀리는 정글의 법칙 속에서

나는 오랫동안 하이에나처럼 떠돌았다.

짐승처럼 썩은 고기를 먹기도 하고, 내가 살기 위해

남의 밥상을 엎어 버렸을 때도 있었다.

이제는 돌아가 어머니의 둥근 두레밥상에 앉고 싶다.
어머니에게 두레는 모두를 귀히 여기는 사랑.
귀히 여기는 것이 진정한 나눔이라 가르치는
어머니의 두레밥상에 지지배배 즐거운 제비 새끼로 앉아
어머니의 사랑 두레 먹고 싶다.

- 정일근, 〈둥근, 어머니의 두레밥상〉 전문

"아이고, 호랭이 물어 가네!! 올 시한(겨울) 날씨가 추웠다가, 더웠다가 미친년처럼 떠들어 싸터니, 짐장헌 지 열흘이 넘었는디 아직도 지(김치)가 미쳐서 못 먹것고만 이잉! 뻣뻣허고 씁쓸허니 맛이 하나도 안 들어 부렸네! 지국(김칫국)도 익을라먼 한참 걸리겄고…."

새벽 잠결에 밖에서 어머니의 두런거리는 소리가 들립니다. 얼마 전 담근 김장김치 맛을 보았나 봅니다. 마당가 장광에서 김칫독 여닫는 소리가 나더니, 곧이어 어머니의 가랑잎 밟는 소리가 들립니다.

어머니 말씀마따나, 예년 같으면 지금쯤 김치가 들척지근하니 맛이 들었을 만도 한데, 아직도 '쌩지(생김치)'에서 익을락 말락 지랄 같은 상태인가 봅니다. 한마디로 김치가 설익은 것이지요. 김치가 미쳐 버린 것입니다.

김장한 뒤 바로 갑자기 날씨가 추워져서 그랬을 겁니다. 한 사나흘 영하 1~2도쯤 죽 이어져야 서서히 맛나게 익을 텐데….

흔히 날씨가 떠들면(나부대면) 김치가 잘 미칩니다. 바람까지 씽씽 들까불고 있으니 '생지가 미칠 수밖에' 없습니다. 이때는 김치가 뻐셀 뿐더러, 쓴맛까지 나서 먹기에 영 거시기합니다. 도리 없습니다. 익을 때까지 기다리는 수밖에요.

김치는 생지, 익은 지, 묵은 지가 있습니다. 생지, 익은 지, 묵은 지는 김치를 담글 때부터 다릅니다. 절이는 것도 다르고, 소금을 넣는 양도 다릅니다. 생지는 소금을 약간 넣지만, 몇 년씩 삭힐 묵은 지는 생지보다 소금 넣는 양이 훨씬 많습니다. 소금에 절이는 것도 생지는 하루나 이틀 정도지만, 묵은 지는 보통 열흘 이상 푹 절여야 합니다.

보관하는 곳도 다릅니다. 좀 일찍 먹을 생지는 장독대 김칫독에 넣어 둡니다. 겨우내 먹을 익은 지는 어두컴컴한 헛간 독에 보관합니다. 뒤란 응달에 김칫독을 파묻고 그 속에 넣어 두기도 합니다. 물론 그 위에는 반드시 짚으로 이엉을 이어 덮어야 합니다. 그 옆엔 구덩이에 숨구멍 하나만 만들어 놓고, 무나 배추를 통째로 묻기도 합니다. 풋것이 먹고 싶은 함박눈 펑펑 내리는 한겨울, 통무나 통배추를 꺼내 생지나 생채를 만들어 먹습니다. 그 맛이란 한마디로 '쥑여' 줍니다. 한겨울 땅속에 있었던 무 머리에는 연초록 싹이 우우우 돋아 있고, 병아리 같은 연노랑 색깔을 띤 배추는 눈부시게 빛이 납니다.

묵은 지는 시원한 대밭이나 하루 종일 볕이 들지 않는 후미진 곳에 김칫독을 묻고 그 속에 보관했습니다. 땅도 더 깊게 팠고 이엉도 몇 겹으로 이어 덮었습니다. 그리고 그 위에 김치 묻은 날짜를 적어 팻말을 세웠습니다. 한번 묻은 묵은 지 김칫독은 보통 1, 2년 동안은 거들떠보지도 않습니다.

생지는 단순히 무나 배추 겉에 양념 맛을 묻히는 것입니다. 무, 배추의 세포조직이 숨 죽지 않고 아직 그대로 살아 있습니다. 가령 겉절이에는 배추의 풋 냄새와 고춧가루 · 마늘 · 생강 등 양념 맛이 제각기 따로 납니다. 한겨울에 먹는 생채 무침은 무의 날것

맛이 그대로 살아 있습니다. 마늘과 생강 맛도 그대로입니다. 바로 그것이 생지 먹는 맛입니다.

아삭아삭 풋것 깨무는 소리도 바스락거리는 낙엽 밟는 소리 같아 참 듣기 좋습니다. 모든 김치는 쇠칼을 대지 말아야 합니다. 가닥 채 손으로 찢어 먹거나 통째로 밥 위에 놓고 먹어야 제맛이 납니다. 그중에서도 생지는 더욱 그렇습니다. 쇠칼을 대면 쇠 냄새가 역하게 코를 찔러 생지 맛이 한순간에 달아나 버립니다.

익은 지는 담근 지 최소 한 달쯤 넘은 김치를 말합니다. 그쯤 되면 김치가 간이 배기 시작합니다. 무나 배추의 뻐센 성질이 한풀 꺾이고, 소금과 양념 맛이 한데 어우러지기 시작합니다. 소금의 짠맛이 서서히 바뀌기 시작해 조금씩 단맛과 신맛이 생깁니다. 양념도 소금과 다른 재료들이 서로 어우러져 그 고유의 맛이 조금씩 변합니다. 그것이 바로 익은 맛이고 삭은 맛입니다.

김치는 역시 익고 삭아야 비로소 김치라 할 수 있습니다. 어떻게 얼마만큼 익었느냐, 어느 정도 삭았느냐에 따라 맛도 천차만별입니다. 삼천리 방방곡곡 집집마다 김치 맛이 모두 다른 이유가 여기에 있습니다.

묵은 지는 적어도 1년 넘게 숙성되고 발효된 김치를 말합니다. 남도에 가면 2~3년 묵은 지를 흔하게 볼 수 있습니다. 4~5년 된 것들도 있습니다. 아주 푹 익고 곰삭아서 더 이상 뭐라 표현할 수 없는 경지에 올라 있습니다. 무·배추·젓갈·고춧가루·마늘·생강·소금 등 모든 것들이 제 고유의 맛을 버리고 새로운 맛으로 다시 태어납니다.

모두 한데 어우러져 묵은 지를 만듭니다. 새콤달콤하면서 구수하고 기름이 자르르 흐릅니다. 잘 삭은 홍어 같기도 하고, 푹 익은 홍시 같기도 하고, 조선간장으로 담근 몇 년 묵은 게장 같기도 합니다. 입에 넣으면 금세 사르르 녹습니다. 밥도둑 밥도둑 해도 천하에 이런 밥도둑이 따로 없습니다.

'호랭이 물어 가네.'

40년도 더 전에
우리 할머니 남양 홍씨가
혼잣말로 내뱉던 말씀,

말없이 말없이

할머니로만 살다가

손녀딸 손가락이라도 좀

삐끗하면

빨간 피 몇 방울

비치기라도 하면

손 저으며 눈 감으며

하시던 말씀

'호랭이 물어 가네.'

참말로

그놈의 호랭이가 물어 갈

아픈 날들은 가고

호랭이가 물어 갈 쓸쓸한 날들도 가 버린

오늘

우리 할머니 남양 홍씨가 마음속에 감춰 둔

말씀 곱씹어 보네

아, 호랭이가 물어 갈 썩을 놈의 시간들

— 이진숙, 〈사랑스런 욕〉 전문

어머니는 늘 울안 남새밭에서 놀았습니다. 상추·고추·아욱·가지와 놀았습니다. 텃밭의 무·배추·파·쑥갓·마늘·푸성귀들과 이야기했습니다. 채소에 조금만 벌레가 먹어도 "아이고, 호랭이 물어 가네!"라며 쯧쯧 혀를 찼습니다.

울안 텃밭은 어머니의 놀이동산이었습니다. 채소들은 어머니의 젖을 먹고 자랐습니다. 발걸음 소리 듣고 컸습니다. 강아지 새끼들처럼 구물구물 컸습니다.

어머니는 닭장 옆에 가지를 심고, 돼지 막 옆에는 고추를 심었습니다. 햇볕 잘 드는 탱자나무 울타리 쪽엔 상추·배추·아욱·쑥갓·마늘을, 모래 많은 감나무 아래엔 생강과 땅콩을, 뒤쪽 흙담벼락 쪽엔 머위·딸기·도라지를, 탱자나무 울타리 밑엔 호박을, 뽕나무 아래 서늘하고 습한 곳에는 토란을, 부엌 가까운 곳엔

솎아 먹어도 자꾸만 자라는 부추를 심었습니다. 그리고 시간 날 때마다 쌀뜨물이나 허드렛물을 부추 밭에 주었습니다. 부추는 풀에서 나는 젖입니다. 아무리 자르고 또 잘라 먹어도 며칠만 있으면 금세 자랍니다. 뱃속이 헛헛할 때는 부추가 최고입니다. 부추김치, 부추장아찌는 물론이고 비 오는 날 밀가루에 부쳐 먹는 부추전은 뭐라 말할 수 없이 맛있습니다.

우물가 허드렛물이 도랑을 타고 나가는 텃밭은 미나리가 씩씩하게 자랐습니다. 그 더러운 시궁창에서 미나리는 파룻파룻 줄기차게 싹을 밀어 올렸습니다. 겨울엔 아이들이 미나리꽝에서 얼음을 탔습니다. 미나리는 볕이 잘 들지 않아도, 가물어서 땅이 메말라도 파랗고 싱싱하게 잘도 자랐습니다.

문득 살짝 데쳐서 돌돌 말아 초고추장에 찍어 먹는 미나리강회가 생각납니다. 저절로 입안에 침이 흔곤하게 고입니다. 아삭아삭 씹는 맛과 그 향긋한 냄새, 생선 매운탕에 넣으면 한순간에 비린 맛을 덮어 버리는 그윽한 향기. 한겨울 눈으로 보기만 해도 기운이 샘솟는 그 푸르름.

어머니는 닭똥과 돼지 똥 그리고 부엌 아궁이의 몽근 재를 고추, 마늘밭 고랑에 뿌려 줬습니다. 아침마다 요강소매(오줌)도 뿌려 주었습니다. 우리 집 여자들 전용인 사기요강 오줌은 고추 밭에 부었고, 주둥이가 너부데데한 남자들 전용 놋요강 오줌은 무, 마늘 밭에 뿌려 주었습니다. 그것은 아이 많이 난 동네 아줌마가 고추 모종할 때 인기였던 것이나, 아들 많은 집 아저씨가 무, 마늘 밭 갈 때 인기였던 거나 마찬가지 이치였습니다.

서정주 시인도 어렸을 때 그런 모습을 유심히 살펴본 모양입니다. 그 정경을 어찌나 능글맞고 살갑게 시로 풀어냈는지 '시로 쓴 그림'이 따로 없습니다. 아주 질펀하고 낭자하고 흐뭇하고 거시기 머시기해 버립니다.

소자(小者) 이(李) 생원네 무우밭은요. 질마재 마을에서도 제일로 무성하고 밑둥거리가 굵다고 소문이 났었는데요. 그건 이 소자(小者) 이(李) 생원네 집 식구들 가운데서도 이 집 마누라님의 오줌 기운이 아주 센 때문이라고 모두들 말했습니다.

옛날에 신라(新羅) 적에 지도로대왕(智度路大王)은 연장이 너무 커서 짝이 없다가 겨울 늙은 나무 밑에 장고(長鼓)만 한 똥을 눈 색시를 만나서 같이 살았는데, 여기 이 마누라님의 오줌 속에도 장고(長鼓)만큼 무우밭까지 고무(鼓舞)시키는 무슨 그런 신바람도 있었는지 모르지. 마을의 아이들이 길을 빨리 가려고 이 댁 무우밭을 밟아 질러가다가 이 댁 마누라님한테 들키는 때는 그 오줌의 힘이 얼마나 센가를 아이들도 할 수 없이 알게 되었습니다.─'네 이놈 게 있거라. 저놈을 사타구니에 집

어넣고 더운 오줌을 대가리에다 몽땅 깔기어 놀라!' 그러면 아이들은 꿩 새끼들같이 풍기어 달아나면서 그 오줌의 힘이 얼마나 더울까를 똑똑히 잘 알 밖에 없었습니다.

─서정주, 〈소자(小者) 이(李) 생원네 마누라님의 오줌 기운〉에서

김장하는 날은 동네 잔칫날입니다. 동네마다 아낙네들 옹기종기 모여 김장 품앗이 하는 모습이 아련합니다. 마당에는 이미 김장 배추가 가득합니다. 고추 · 소금 · 마늘 · 파 · 생강 · 굴 · 갓 · 당근 · 설탕 · 새우젓 · 황석어젓 · 멸치젓 · 청각 · 갯새우 · 깨 · 동태 · 낙지 등도 크고 작은 옴박지에 담겨 있습니다.

배추는 김장 며칠 전부터 절여 놓은 상태입니다. 생지, 익은지, 묵은 지에 따라 절이는 기간이 다르기 때문입니다. 절이는 것은 몸에 술이 서서히 젖어 드는 것과 마찬가지입니다. 가랑비에 옷 젖는 것과 같습니다. 배추에 소금이 알게 모르게 천천히 배어드는 것입니다.

같은 배추라도 두꺼운 부분은 진한 소금으로 절이고, 노란 잎 부분은 묽은 소금으로 절입니다. 그래야 고른 맛이 우러나옵니다.

코흘리개 아이들은 김장하는 우물가를 뱅뱅 돕니다. 덩달아 부엌 강아지도 천방지축으로 마당을 뛰어다닙니다. 마당 모퉁이엔 장작불이 벌겋게 타오릅니다. 부엌 무쇠솥에선 "치익~ 치익~" 소리를 내며 뭔가가 익어 가고 있습니다.

아이들은 어쩌다 배추꼬랑이 같은 것을 얻어먹습니다. 오호

전주에서 놀다

라! 상큼하고 코를 약간 찌르는 매운맛. 거기에 어머니 손에 묻은 매콤 짭조름한 고춧가루와 젓갈 냄새도 버물려 있습니다. 눈 내리는 어느 날, 아스라이 떠오르는 '김장 김치의 추억'. 배추김치·보쌈김치·동치미·고들빼기김치·파김치·갓김치·섞박지…. 젓갈도 조기젓·새우젓·황석어젓·갈치젓·까나리젓·대구아가미젓 등 가지각색입니다.

　김치는 북쪽으로 올라갈수록 싱겁고 맵지 않습니다. 국물도 많습니다. 남쪽으로 내려갈수록 짜고 맵고 국물이 없는 편입니다. 이것은 날씨와 관련이 있습니다. 더운 지방일수록 땀을 많이 흘려서 소금 섭취가 많아지기 때문입니다.

　전라도 김치는 찹쌀 죽을 돌확에 갈아 넣는 경우가 많습니다. 양념도 많이 써 걸쭉합니다. 한여름 열무김치를 담글 때도 반드시 찰밥을 짓이겨 넣습니다. 그래야 칼칼하고 시원하고 들척지근합니다. 이때 고추는 돌확에 갈아야 합니다. 칼로 잘게 썰어 넣으

59

면 열무의 풋내가 사라지지 않습니다. 김 모락모락 나는 고봉 흰쌀밥에, 어머니 손맛 듬뿍 담긴 김치 한 가닥 쭉 찢어 걸쳐 먹으면 이 세상 부러울 게 없을 것 같습니다.

김치는 삭혀 발효시키는 음식입니다. 젓갈이나 간장, 된장도 마찬가지입니다. 이런 발효식품들이 한데 어우러지면 그 맛이 어떻게 변할지 아무도 예상할 수 없습니다. 스카치위스키 만드는 사람들은 위스키 숙성을 '신의 몫(God's Share)'이라고 간단히 치부해 버립니다. 위스키의 발효 결과는 자기들로선 어떻게 할 수 없다는 뜻이지요. 그저 오래 두면 신이 알아서 맛있게 해 준다는 이야기입니다.

김치는 어머니의 손맛에 달려 있습니다. 물론 기온이나 날씨처럼 '신의 몫'이 없는 것은 아닙니다. 하지만 그 부분은 스카치위스키의 그것보다는 훨씬 적다고 할 수 있습니다. 그만큼 어머니의 손맛이 절대적입니다. 어머니의 손맛은 며느리와 딸에게로 대대로 이어집니다.

대한민국 김치는 이제 서로 닮아 가고 있습니다. 전국의 김치가 통일되어 가고 있습니다. 공장 김치가 아침 밥상에 오른 지는 한참 됐습니다. 어느 집에 가도 그 김치가 그 김치입니다. 맛이 비슷비슷하고 달착지근한 단맛이 진합니다. 생지, 익은 지, 묵은 지의 독특하고 감칠 맛 나는 깊은 맛이 사라졌습니다.

식당 김치는 아예 김치라고 할 것도 없습니다. 무나 배추에 양념 묻힌 흔적만 날 뿐입니다. 깊은 맛은커녕 생김치의 풋풋한 맛조차 없습니다. 짠맛에 고춧가루 냄새만 역하게 날 뿐입니다. 물맛 가시지 않은 김치찌개 같습니다.

요즘엔 중국 김치까지 몰려와 국적 불명의 맛이 되고 말았습니다. 김치는 얼마나 삭혔느냐, 얼마나 묵었느냐, 얼마나 배추, 소금, 젓갈, 양념이 절묘하게 어우러졌느냐에 따라 맛이 달라집니다. 하지만 중국 김치나 공장 김치는 모두 겉으로만 시늉을 내고 맙니다. 한마디로 '얼빠진 김치'가 돼 버렸습니다.

김치의 종류도 날로 줄고 있습니다. 동태 · 오징어 · 낙지 · 대구 · 홍어섞박지나 통대구김치는 요즘 보기 힘듭니다. 게쌈김치 · 더덕김치 · 햇도라지김치 · 생두릅김치 · 미나리김치 · 부추젓김치 · 우엉김치 · 수삼나박김치 · 풋감김치 · 근대김치 · 풋콩

잎김치 · 호박김치 · 고구마줄기김치 · 고춧잎김치 등은 더 말할 것도 없습니다.

배추에서부터 소금 · 고춧가루 · 젓갈 · 마늘 · 생강 · 파 · 미나리 등 각종 재료도 제대로 국산을 썼는지 아니면 중국산인지, 반반 섞은 것인지 도대체 알 수가 없습니다. 식당 김치 같은 경우 그냥 모르는 체하고 먹어야지, 알기가 겁부터 납니다.

한때 역대 정권을 김치에 비유한 우스갯소리가 시중에 떠돈 적이 있습니다. 박정희 정권은 보쌈김치, 전두환 정권은 깍두기김치, 노태우 정권은 물김치, 김영삼 정권은 파김치, 김대중 정권은 나박김치, 노무현 정권은 겉절이김치라는 것이 그것입니다.

보쌈김치는 정권에 대드는 사람들을 쥐도 새도 모르게 남산 중앙정보부에 보쌈 싸듯이 데려다가 치도곤 한 것을 비유한 것이고, 깍두기는 조직폭력배의 깍두기 머리를 상징한 것입니다. 되는 것도 없고 안 되는 것도 없었던 6공화국 물태우 정권을 빗대어 물김치라 한 것이고, 외환 위기를 부른 YS 정권은 자연스럽게 파김치가 됐습니다.

DJ정권은 김치도 아닌 것 같고 그렇다고 김치가 아니라고 할 수도 없는 애매모호한 정체성 때문에 나박김치라고 부른 것이라 생각됩니다. 겉절이야 설익은 사람들이 입으로만 설치는 것을 풍자한 것이겠지요.

어쨌든 각 정권이 그 잘잘못을 떠나 제각각 특색이 있었던 것은 사실입니다. 그 특색들을 시간의 실로 한 줄에 꿰면 바로 역사가 되는 것입니다. 보쌈김치는 보쌈김치대로 깍두기는 깍두기대로 나박김치나 겉절이는 각각 그 나름대로 자기의 역할을 다한 것입니다. 그 맛과 평가는 역사의 몫입니다.

김치 맛의 본질은 곰삭은 맛입니다. 시어 문드러지기 직전에 나는 곰삭은 맛. 강된장이나 백 년 묵은 간장에서 나오는 정말 한국적인 맛. 그 맛이 바로 그 집의 음식 맛을 좌우했습니다. 열이면 열, 백이면 백, 방방곡곡 집집마다 제각기 음식 맛을 다르게 만들었습니다.

사람 사는 것도 마찬가지입니다. 살다 보면 짜고, 달고, 쓰고, 시고, 매운맛만 있는 게 아닙니다. 세월이 만들어 주는 '곰삭은 맛'도 있습니다. 제아무리 까막눈 할아버지라 해도 칠순이 넘으면 사는 이치를 깨닫습니다. 세월에 닳고 닳다 보면 성자가 돼 갑니다.

    곰삭지 않은 삶이나 음식은 겉절이와 같습니다. 남도에서는 곰삭은 음식 맛을 '개미가 있다'고 말합니다. 음식이 아무리 화려하고 먹음직스러워도 개미가 없으면 맛이 없는 것입니다. 소리꾼도 마찬가지입니다. 날 때부터 타고난 '천구성'보다는 피나는 노력으로 얻은 '수리성'을 으뜸으로 칩니다. 소위 '왱병 모가지 비트는 소리'가 바로 그것입니다.

    대한민국은 숨이 턱턱 막힙니다. 조금이라도 다르게 생각하고 행동하는 사람들은 왕따가 되기 십상입니다. 시도 때도 없이, 어디로 가는지 알지도 못하면서, 무턱대고 사람들이 와아! 밀려갔다가, 우우! 밀려다닙니다.

    어스름 새벽, 어머니는 텃밭을 가꾸었습니다. 논일하다가 점심 먹으러 잠깐 집에 올 때도 푸성귀 밭부터 살폈습니다. 김치는 바깥일이 끝나고 저녁을 먹은 후 밤늦게 담갔습니다. 모든 김치 재료는 울안 텃밭에 있었습니다. 소금이나 젓갈을 빼놓고는 뭐하나 장에 나가 살 필요가 없었습니다. 텃밭은 자급자족의 작은 공동체였습니다.

칼칼한 국물에 온갖 양념 보쌈김치. 콧잔등 찡하게 맵고 시원한 총각김치. 혀끝에 쓴맛 살짝 걸치는 고들빼기김치. 상큼하고 풋풋한 배추 겉절이. 미나리 향기에 아삭아삭 씹히는 나박김치. 바다 냄새 물씬 짭조름한 생굴김치. 아이들 즐겨 먹는 담백하고 순한 백김치. 새콤달콤 오이나박김치. 곰삭은 게장 맛 묵은 지. 동지섣달 밤 사르락 사르락 격자문 창호지에 눈발 부딪칠 때, 메밀묵과 함께 먹는 살얼음 낀 동치미 국물.

어머니는 돌아가시기 몇 년 전부터 김치를 담그지 못했습니다. 어쩌다 서울 사는 아들네들을 위해 담그는 김치는 소금밭이나 마찬가지였습니다. 입맛을 잃어버리신 것입니다. 간을 맞출 수가 없었던 것입니다.

그때부터 우리 자식들도 입맛을 잃어버렸습니다. 그 맛있던 김치를 다시는 맛볼 수 없었습니다. 들숨과 날숨 그 짧은 사이에 우리 생이 있듯이, 생지와 묵은 지 그 사이에 음식 맛이 있는 줄 그때서야 알았습니다. 어머니가 가꾸던 울안 텃밭은 마른 풀들만 겨울바람을 맞고 있습니다. 밤엔 그곳에 달과 별이 뜹니다.

6
...

전주 사람덜 시퍼 보여도 얼매나 아굿똥헌디!

"아이고, 머땜시 그렇게 서댄대여? 이 나이에 먼 헐 일이 있다고. 너댓살 먹은 아덜떨같이 인자 엔간히 좀 납떠. 해 질라면 아직 멀었응게 서나서나 옛날 이약이나 조곤조곤 허드라고. 아 그 머시냐. 쩌그 저 전주천 밑으서 여그 다가공원 밑으까지 옛날에넌 잿물에다가 빨래 삶던 사람덜이 쫙 쩔어 버렸어. 여그저그서 큰 무쇠솥 걸어 놓고 삶어 대면 무신 개장국 맹이로 잿물 냄새가 곤곤허니 콧속이 느글느글 했응게. 그때 그 사람덜한티 홑이불 같은 거 하나 삶을라면 솔찬히 돈 좀 줘야 혔어. 나도 지게에다가 집안의 이불 같은 거 빨라고 몇 짐씩 져 날랐는디, 썩을 넘의 것 늦게 가면 부지하세월이여~. 인자 그 잿물 삶던 사람덜은 다 어디로 갔으까 몰라. 사는 게 영 시서거퍼허고만 이잉~."

"말도 말어. 전주 장날에는 전주천 냇깔이 모다 흐옇게 메밀꽃 핀 거 맹이로 돼 부렀응개. 아 장보러 온 사람덜이, 장을 보고 나서 집으로 끼대갈 생각은 안 허고, 모다 그 넘의 소리 듣는다고 퍽 쭈그니 앉어 버링게, 내깔이 허연 장판 깔아놓은 거 맹이로 되아

버렸당게. 그때 똥깨나 뀐다고 허는 소리꾼은 다 왔응게. 지금 소리 좀 헌다고 하는 사람덜은 소리꾼도 아니여. 또랑광대지. 지들이 천구성이니 수리성이니 아무리 자랑혀싸도 옛날 사람덜허고 째비가 되간디. 참말로 비등비등만 혀도 말 안컸고만."

"전주 사람덜이 겉으로는 시퍼 보여도 아긋뚱허고 아금박시런 면이 있잖은가? 하이고, 귀가 얼매나 꾀까닥스럽간디. 그려도 양반 값을 허니라고 꼭 티를 낸당게. 아무리 명창 할애비라도 쪼깨만 틀리면 외수없이 싸개줘 버렸응게. 나도 어릴 적으 어른덜한티 들은 야근디 그 유명한 정창업 명창(1845~1919)이 대사습에 왔던 모양이여. 시물두 살 때라던가? 하여튼 이 양반이 춘향가 첫머리 '나귀 안장' 대목을 부르넌디, 그만 너무 얼어 버렸던 개비여. 허기사 사람덜이 꽉 차 버렸응게 한 번도 그런디 안 서 본 사람은 그럴거시여. 소리허다가 중동에 사설이 꽉 멕혀 버린 거시지 이잉. '저 방자 분부 듣고 나구 안장 짓는다. 나구 안장 지을 적에 나구 등에 솔질 솰솰~솔질 솰솰~솔질 솰솰~' 고장낸 축음기맹이로 자꾸만 이렇게 헝게 아 귀명창 전주 사람덜이 어디 가만 있겄능가? 여그저그서 '아, 오살헐 넘으 또랑광대는 인자 솔질 좀 그만허드라고 이잉~ 시방 나구 하도 솔질만 헝게 닳고 닳아서 뼉다구도 못 추리고 죽게 생겼구만. 먼 넘의 솔질만 그렇게 해쌓는당가?' 결국 어쩔 것이여. 정창업 명창도 얼굴이 뻘건혀 갖고 내려와 부렀제. 정창업이 제자가 그 짜허던 정정렬(1876~1938)인디, 정정렬은 쩌그 솜니 망성 사램이여. 나도 정정렬 소리는 들어 봤는디, 딴 것은 몰라도 춘향전 하나는 절창이여. 오죽허먼 전주 사람덜이 '정정렬 나고 춘향전 났다'고 혔겄능가. 명창 송만갑(1865~1919)이가 열시 살 때 여그 대사습서 춘향가로 전라감사 특별상을 받았다는 야근 들었지만, 우리사 그 소리를 못 들어 봤응게 머라 헐 말이 읎어. 요즘 젊언 것덜은 유행가고 머고 간에 소리가 쌀에 뜻물 뜨드끼 떠 버링게, 맛이 꼭 소금 안 친 싱건지 같혀. 음식이고 머고 간에 간간허니 좀 잡쪼름혀야 맛이 있는 거신디."

"무신 말을 허겄는가. 집으서 소리 좀 들을라면 며느리가 시끄랍다고 낯빤데기 우등거려 붙이는 시상인디. 우리가 저 시상으로 가먼 소리도 같이 묻히는 것이제. 나도 선친한티 들었는디 정창업 명창은 그 3년 뒤 대사습 때 또 나와서 전주 사람덜을 다 울렸다도만 이잉. 심청이가 공양미 삼백 석에 팔려 뱃사람덜한티 끌려가는 대목을 불렀는디, 어찌나 애간장이 녹게 소리를 혔는지 청중덜이 다 울어 버렸대여. 그동안 정창업 명창이 얼매나 피눈물 나게 공부를 혔겄는가? 목구녁으서 피를 서 동이나 흘렸을 거시여. 전주 사람덜한티 우세산거 기언치 가플라고 폭포 같은 디서 죽자 살자 소리를 혀쏠 거시여. 독헌 사람이제 이잉. 보통 사람 같으면 한 번 꼬랑지를 내렸으면 죽을 때까정 그 금방에 얼씬도 않는 거신디.

경허 시님(1849~1912)이라고 있는디, 그 시님이 쩌그 완산동 용머리고개 냥반이여. 아홉 살 때까정 거그서 살다가 부모 조실허고 어디 절간으로 출가헌 모냥인디···, 8척 장신에 눈이 부리부리허고 꼭 장비같이 생겼등갑마. 그 시님이 언진가 고향이라고 전주를 찾었는개빈디, 그때도 사람덜이 용머리고개럴 힌개미 쌔끼맹이로 흐옇게 덮었다등마. 그 시님 목소리가 때까오를 삶어 먹었는가 우렁우렁헸디야. 이 모다 내가 본디끼 말허지만 사실언 다 옛날 어르신덜 말씸이여. 나넌 경허 시님은 못 봤지만 그 시님

제자 만공 시님(1871~1946)은 여그 법문허러 왔을 적으 봤는디, 그 시님은 쩌그 징게 맹경 냥반이여. 심이 천하장사라고 허드만. 확독을 외약손으로 걍 들어 버린디야. '에미는 에미를 따라간다'고 스승이 장비 같응게, 지자도 자기 도싱허고 탁헌 사람 골랐겠지. 경허 시님은 막걸리도 벌컥벌컥 잘 마신다고 하등마 만공 시님은 어쩠능가 몰라. 안 봤싱게. 어쩐지 요짐 시님덜은 비그르르 히어멀건혀서 매가리가 읎어부러 이잉. 심이 좋고 좀 그려야 공부도 잘헐 거신디. 한 시상 산다는 거 '풀끝에 이슬이요, 바람 앞에 등불'인디, 먼 공부덜얼 평생 허겄다고 바우대는가 몰라. 딴 것도 헐일이 얼매나 많은디. 우리 앞집으 일본까정 가서 공부한 꼬꼽쟁이 인테리냥반이 있었는디, 젊었을 때넌 나 같은 넘한티 눈질 한번 안 줬어. 근디 늙은 게로 별 거 없등마. 풍 맞어 자리보전하고 외롱게 자꾸 나럴 불러. 말동무혀 달라고. 지나 나나 나이 먹응게 똑같도만. 아니, 몸 성한 내가 쪼께 낫지. 배운 게 무신 소양이여. 젊었을 저그 잘생긴 것도 쪼글쪼글 늙응게로 밸거시 없고, 돈 많은 넘도 저승까지 돈 가져갈 것도 아니고, 밥 안 굶고 살 정도만 되먼 하나도 안 부럽더라고. 머니머니 혀도 늙으먼 몸 성허고, 손자넘들 구물구물 크는 거 보는 게 최고여."

"자고로 실가리 죽 멕여 키워 논 넘이 괴기국 바친당게~. 굽은 소낭구가 선산 지킨다고 안 허등가? 써 빠지게 일혀서 많이 갤쳐 놔 봐야 지 매누라 눈치나 보지 어디 지 부모가 고상헌 거 눈꼽맨 큼이라도 알간디? 지 발고락의 때만큼도 안 여긴게. 그런 자석 넘들은 하나같이 짜잔혀서 어따 쓸 디도 없어부러. 따따부따 씨월거리기는 징허게 씨월거링게. 아니 늙은 시어머니가 정지서 기명 치고 있는디 젊은 며느리는 방 안으서 퍽주거니 앉어 화투치고 자빠졌응게 이잉. 하여카나 꾀복쟁이 동무덜 하나둘 먼저 가고, 인자 우리덜만 포도시 남았네. 조물주가 우리덜을 액상허게 보고 여태까정 살려줬는지 모르지만, 근다고 우리가 얼매나 더 살겄는가. 아까막새 해가 지는가 혔드니, 고닥새 쩌그 보름달이 뜨지 않는가? 우리난 두름박 시암 물 먹고 살었지만 요즘 사람덜은 방 안서 생수통 공장 물 먹고 사는 시상 아닌가? 허기사 쇠괴기금이 되아지금 돼 버린 시상인게. 인자 몸이 썩은 낭구맹이로 부석부석허고, 빈 쭉쟁이처럼 허적허적허네. 참말로 시망시런 시상 살었네. 근디 지금 가만히 생각혀 보면 그때가 신간은 편헌 거 같기도 허당게."

"나넌 쬐깐헐 적으 정말 말짓 많이 허고 살었네. 내가 생각혀 봐도 보고리도 그런 쌩보고리가 없었어. 왜 그렸는가 몰라, 무담시 가시내덜 얼굴 찝어까고, 소매 박적에다가 소매 까뜩 담어서 남의 집 세수대양으다고 부서 놓고, 뒷집 부석짝에 기언치 들어가 멀쩡한 옴박지 살짝 금가게 혀 놓고, 으짓잖은 짓꺼리 참말로 많이 혔어. 오매가 그런 나를 살살 달개도 보고 싸리빗자루로 다리몽생이가 뿌서지도록 때리기도 혔는디…. 우리 오매는 싸난 양반은 아니여. 내가 놀다가 집에 늦으면 쩌그 아래끄티서부터 하나하나 더터가꼬 날 찾으러 다녔응게. 한 인생 서털래구털래 써금써금 살아부렀어. 평생 그런 말짓들이 끄막혀서 맨날 껄쩍지근혀. 쩌그 기린봉 우그로 달이 훤허게 올라오네. 전주는 저게 일품인디. 인자 그넘의 아파트들 땜시 눈에 까시가 자꼬 꺼끄랗게 찔러 대니…. 인자 달챙이 숟가락으로 달달 긁은 깜밥 먹을 이빨도 없네. 그거이 얼매나 꼬숩고 맛난는디…."

7
...

거시기 저시기 머시기

 요즘 난 거시기헙니다. 먹는 것도 거시기허고, 자는 것도 거시기헙니다. 신문을 봐도 거시기허고, 텔레비전을 봐도 영~ 거시기헙니다. 치깐에 안저 있어도 속이 더부룩허니 거시기헙니다. 꼭 목구녁에 무신 거시기가 걸린 것 같습니다.

꿈속에서 저승에 기신 부모님이나 친척들을 만난 날은 하루점드락 맴이 걍 거시기혀 부립니다. 거울 속에서 삐죽삐죽 준치 까시같이 돋은 은바늘 턱자락을 보면, 거시기혀 부립니다. 한겨울 미나리깡 연초록 잎들을 보면 코가 시큰허니 거시기혀 부립니다.

날씨가 꾸무럭혀서 그런가요? 나이 탓인가요? 몸이 껄쩍지근~허고, 심드렁~허고, 녹작지근~헌 것이 참 지랄 같습니다. 찌뿌등등~헌 것이 작대기로 여나무 대 얻어맞은 것 같습니다. 저~, 거시기 머시냐~, 역시 나이는, 삼말사초가 질로 좋은 것 같습니다. 하면요, 삼십대 말에서 사십대 초 때야 머 무서운 게 없었응게라.

술 머그면 머릿속이 몽롱허니 허부적 댈 때 진즉 알아보아야 혔습니다. 글자가 물범벅이 되어 희끄무레 보일 때 거시기혔어야

75

혔습니다. 아침에 일어나먼 손발이 저릿저릿, 허리가 시큰시큰, 모가지가 뻐근녹작헐 때 거시기를 히써야 혔습니다.

시상 일도 그렇습니다. 한창 때는 기먼 기고, 아니먼 아니고, 니기미 작것, 뚜부라도 단칼에 동강내 버렸는디, 인자는 머시 진짜이고, 머시 짝퉁인지 잘 모르겄습니다. 머시 옳은 거시고, 머시 그른 거신지 알다가도 모르겄습니다. 이거시 저것 같고, 저거시 이것 같고, 거시기가 저시기이고, 저시기가 그 거시기이고….

사람 속은 또 얼매나 헷갈립니까? 한 사람을 알았다 싶으면, 금시 모르겄고, 모르겄다 싶으면, 어느 날 문득 쬐께 알 거 같기도 허고. 참말로 폭폭헙니다. '연못에는 빠져도 사람한티는 푹 빠지지 말라'고 혔는디, 그 말뜻을 인자사 알 거 같습니다. 물에 빠지면 깨구락지 히엄이라도 쳐서 나올 수 있겄지요. 그런디 사람헌티 한번 폭 빠지면 죽어도 못 빠져나온 당게요. 정말 거시기 머시기혀 부립니다.

탤런트 김성환의 별명은 '거시기'입니다. 나같이 아랫사람덜은 그를 이무롭게 '거시기 성님'으로 부릅니다. 한자로는 클 '거(巨)' 자에 심을 '식(植)' 자 '김거식(金巨植)'입니다.

거시기 성님이 밸 이름도 없이 방거충이 맨치로 방송국에 허청허청 댕기던 80년대, 긍게, 저~ 거시기…, 무슨 드라마더라? 하여튼 그 머시기 텔레비전 연속극에 '거시기'라는 뜨내기 장사꾼으로 등장헌 적이 있었는디, 그때 겁나게 떠 부렀지라. 그때부터 '거시기'가 별명이 돼 부렀습니다.

거시기 성님은 입이 걸쭉헙니다. 말도 능청시럽고 능글 징글맞습니다. 남덜이 배꼽을 잡고 뒹굴어도, 자신은 아무 일 없었다는 듯, 아조 으시딱딱허게 썰을 풀어 갑니다. 노래도 가수 뺨치게 잘해 부럽니다. 해마다 어버이날이나 연말연시가 되면 디너숀가 먼가를 삐까번쩍헌 호텔으서 멋들어지게 해 부립니다. 아니 연기허는 사람이 먼 넘의 노래를 그렇게 징허게 잘허는지, 원. 거시기 성님이 디너쇼에서 빠지지 않고 허는 구라가 있습니다. 바로 '거시기 구라'입니다.

나 고향은 전라북도 군산인디, 제 옆집에 아덜 삼 형제를 둔 농부 아자씨가 살고 있었구만이라. 근디 이 양반이 얼매나 부지런헌지 시복부터 깜깜헐 때까정, 기양 논에서 살다시피 혔지라우.

이 양반이 어느 날 시복에 논에서 돌아와 정신없이 끼대 자고 있는 아들덜을 깨우는디, 그게 참말로 요상시럽다~ 이겁니다요.

"옴메, 요런 싸가지 없는 것들 보소, 해가 똥구녁 우그까지 번허게 떴는디 시상 모르고 끼대 자빠져 자고 있네 그랴. 야, 거시가? 얼릉 일어나 나 잠 봐라 이잉? 이것덜이 귀를 쳐먹었나. 거시가? 안 일어날래! 이 썩을 오살헐 넘아!"

거시기가 누군가? 나는 고개를 자우뚱했습니다. 나가 아는 세 명 아덜은 모다 번듯헌 이름이 있었는디, 기양 '거시기'라고 부르면 어느 자식이 일어날지 나가 생각혀도 쬐께 깝깝혔습니다. 근디 누군가 "예, 아부지 시방 일어나는 구먼이라~." 허는 소리가 들렸습니다. 큰아덜이었습니다. 히야, 큰아덜이 거시기로구나! 근디 그 아자씨 다음 말이 더 걸짝이었습니다.

"오냐, 얼릉 일어나, 나 야그 잠 들어 봐라 이잉. 나가 오다 봉게로 깐치다리 밑으서 집채만 헌 차가 기양 노인네를 거시기혀 부렀다. 그러니 너는 허청으로 가서 거시기허고 거시기를 가져 오니라."

그러더니 그 아자씨는 또 방 안에 아직도 자고 있는 두 아덜에

게 때까오처럼 소락때기를 질러 댔습니다.

"야, 거시기 너도 일어나라 이잉? 너그 성허고 너는 항께 거시기히야 된게. 너도 허청에 가서 거시기 갖고 나서라! 빨리 이잉~."

"아이고 쬐께 더 잤으면 쓰것고만~. 먼 하나씨가 시복부터 그 일을 당혀 갖고 이렇게 난리를 쳐 부리는가 몰르것네."

둘째 아덜 씨부렁거리는 소리였습니다. 마당에서는 먼가 덜그럭거리는 소리가 나고, 쨍그렁허니 삽 부딪히는 소리 같은 것도 들렸습니다. 그 아자씨허고 큰아덜이 무신 연장 같은 것을 챙기는 것 같았습니다. 물론 그 와중에도 아저씨 입은 쉬지 않았습니다.

"아이고 거시가!! 너는 성덜이 다 일어나 부새떨고 있는디 잠이 편히 오냐 이잉? 아이고 나가 전생으 무신 잠충이 고기를 아구아구 삶아 먹었는지, 새끼덜이 하나같이 잠만 퍼 잔단 말이시. 이런 호랭이가 열두 번 차갈 넘덜. 그리 갖고 낭중에 밥술이나 제대로 쳐먹고 살랑가 몰라. 거시기 넌 말이여, 너는 두 성들이 거시기 허게 머시기 갖고 따라오니라 이잉."

"아이고 아부지 알았서라. 그렇찬혀도 일어날라고 혔는디⋯. 어차피 더 자기는 글러 버렸응게로. 긍게 아부지, 저그 머시냐, 나넌 저시기만 갖고 가면 되겠고만요 이잉. 참말로 그 하나씨도 지지리도 복도 없구만이라. 어디 사는 하나씬지는 잘 모르지만, 먼 시복부터 그렇게 길을 바삐 가시다가⋯."

쬐께 있다가 그 아자씨와 거시기 삼 형제가 깐치다리로 가기 위해 집을 나섰지라우. 가마니 봉게 첫째, 둘째 거시기 아덜은 삽과 들것을 들었고, 아자씨는 짚 한 다발 허고 잿간에서 재를 퍼 담은 다라이옴박지를 허리에 끼고 있었습니다. 막내 거시기 아덜은 거적때기를 둘둘 말아 들었고요.

기가 맥혔습니다. 아니 아자씨가 헌 말은 '거시기는 거시기허고, 저시기는 머시기허고⋯.' 하여튼 모다 거시기 저시기 말만 혔는디, 그 거시기 아덜 삼 형제는 어치케 알아듣고 다덜 척척 거시기허고 나섰능게라. 구신이 곡헐 노릇이지라.

긍게 상황을 조근조근 뺵다구만 추려 보면, 쯧쯧 어떤 할아버지가 다리 밑 길에서 차에 치여 그만 돌아가셨는가 본디, 그걸 아자씨가 새복 논 물꼬 보러 갔다 오다가 본 것이지라. 그려서 그 시신을 차마 그대로 두고 볼 수 없응게, 들것 허고, 먼가 덮을 꺼적때기 허고, 핏자국 지울 재 같언 것이 필요혔겠지라. 글고 그 썩을 넘의 차가 길바닥을 뭉개 놨을 거신 게 그걸 다시 평평허게 해 놓을라먼 삽이나 머 그런 연장도 필요허겠지라.

허 참, 거시기 성님, 참말로 찰지고 맛나게 구라를 풀어 부럽니다. 참 거시기 저시기허니 옹골져 부럽니다. 어치커나 전라도 사람덜은 머시든 거시기 하나로 다 통허는가 봅니다. 히히히, '전라도 사람덜은 거시기로 통헌다?' 말혀 노코 보니 쬐께 거시기헙니다.

이 바닥에선 머니머니 혀도 황지우 시인의 〈거시기〉가 으뜸입니다. 이 사설 아니 넋두리는 절대로 자기 편헌 대로 꺾거나 붙여서 읽어 부리먼 배려 버립니다. 영 가락이 안 살아나고, 맛이 안 나 부린당게요. 황 시인이 처음 쓴 그대로 행갈이 험시롱 따복따복 을퍼야 꼬숩고 들척지근허고 맛나지라. 근디 도대체 이 썩을 넘의 거시기가 머다요~ 이잉?

"아이고, 이것이 무엇이냐! 아이고, 이것이 무엇이여! 분명 무신 장은 장인디~. 허 참 알다가도 모르겄네. 초화장? 된장? 천장? 마룻장? 고추장? 기왓장? 면장? 사장? 회장? 장화초? 도대체 이것이 무엇이냐!!"

놀부란 놈, 흥부네 집에서 모개나무로 만든 화초장을 눈 부라려 억지로 하나 짊어지고 오다가, 그만 그 이름을 홀라당 까먹어 버렸겄다! 그려서 혼자 미친 넘처럼 중얼중얼 지랄 생난리를 치는 모습입니다. 키키키~ 푸하하하~. 황 시인도 놀부만큼이나 '거시기'가 무엇인지 폭폭허고 화완장혔던 모양입니다.

워매 요거시 머시다냐

요거시 머시여

응

머냔 마리여

사람 미치고 화안장하것네

야

머가 어쩌고 어째냐

옴메 미쳐 불것다 내가 미쳐 부러

아니

그것이 그것이고

그것은 그것이고

뭐

그것이야말로 그것이라니

이런

세상에 호랭이가 그냥

캬

무러가 불 놈 가트니라고

야

너는 에비 에미도 없냐

넌 새끼도 없어

요런

호로자식을

그냥 갓다가

그냥

캬

위매 내 가시미야

오날날 가튼 대맹천지에

요거시 머시다냐

응

머시여

아니

저거시 저거시고

저거슨 저거시고

저거시야말로 저거시라니

옛끼 순

어떠께 됫깜시 가미 그런 마를 니가 할 수 잇다냐

응

그 마리 니 입구녁에서 어떠께 나올 수 잇스까

낫짝 한번 철판니구나

철판니여

그래도 거시기 머냐

우리는

거시기가 거시기해도 거시기하로 미더 부럿게

그런디이

머시냐

머시기가 머시기헝께 머시기히어 부럿는디

그러믄

조타

머시기는 그러타치고

요거슬 어째야 쓰것냐

어째야 쓰것서어

응

요오거어스으을

— 황지우, 〈거시기〉 전문

"히히히~ 키키키~ 낄낄낄~ 길길길~ 쿠쿠쿠~." 황 시인이 아조 애간장이 다 녹아 부릴라고 허는 구만이라 이잉. 누구 좀 아는 사람 없소? 있으면 지발 좀 갤쳐 주시오 이잉? 앞날이 구만리 장천 같헌 대한민국 대표 시인을 기앙 속 터져 죽게 만들먼 쓰것소? 나도 폭폭허니 맴이 맴이 아니구만이라. 허지만 나도 그 뜻이야 몸으로는 알지만, 어치케 말로는 표현 못 헌당게요. 거시기란 뜻은 구신도 말로 표현 못 헌당게라. 안개 같은 것인게라. 바람 같은 것잉게요. 바람은 잡었다 싶으면 날아가 버리고, 날아갔다 싶으면 살랑살랑 꼬랑지를 치면서 몸을 간질이는 아조 쌩보고리인게요.

미당 서정주 선생은 혹시 알았을랑가요? '거시기'가 먼지 야물딱지고 똑부러지게 말로 혀 놓고 가셨을랑가요? 그 양반이야, 생전에 원체 표현을 곰살맞고 아금박시럽게 잘히여 부렸응게 말입니다. 거그다가 고향도 전라도 고창 땅 아니랑가요? 잘은 몰라도 어렸을 적부터 겁나게 '거시기'란 말을 입에 달고 살았을 것입니다. 아하, 저그 머시냐~, 마침 여그 '저 거시기'란 시가 있구만요.

    우리가 일상을 살아가면서
    서로 주고 또 받는 말씀 가운데

무언지 말문이 막히고 말면

항용으로 누구나 허물없이 쓰는 말

저, 거시기… 저, 거시기…

그것이 있지?

누구나 맛 부쳐서 오래 두고 써 온 말

저, 거시기… 저, 거시기…

그것이 있지?

- 서정주, 〈저, 거시기〉에서

얼라? 아니 이것이 먼 한가헌 말씸이라요? 아, 말문 맥힐 때나, 잘 생각이 안 날 때 쓰는 거야, 우리도 다 아는 거시고, 또 허물없이 어조사같이, 기양 매급시 군말로 쓰는 것도 다 아는 거신디, 다 아는 뻔헌 거슬 멋헐라고 또 무담시 거시기허셨을까라 이잉? 입 열면 누가 말 안 혀도 그 정도 거시기는 맨날 나오는 거시기인 디…. 그럼, 어디 한번 들어 보실랑가요?

"아, 거시기 있잖혀 이잉? 저그 거시기에 나오는 주인공 말이여?"

"아니 자다가 먼 봉창 뚜디리는 소리여? 갑자기 먼 거시기여?"

"아이고, 거 착허게 생긴 국민 머시다냐 말이여. 쬐께 코뱅맹이 소리 허는 거시기 말이여."

"아하, 그 거시기… 안성기이~."

"근디 말이여, 거시기의 뿌랑구는 대체 머시랑가? 자네 고것을 쬐께 알고 있는가 몰라?"

"그거야 '것'이제 이잉. 그 작 것, 오살 것, 육실헐 것… 헐 때 말허는 '것'이여."

"그럼 그 물건 말이여, 그 거시기도 거시기랑가?"

"아니 두말허면 잔소리지 이잉. 이 시상에 거시기 아닌 것 있당가? 사람덜이 '쉬~' 허는 그 작것도 다 거시기라고 헐 수 있제. 어떤 사람덜은 그 거시기를 그대로 표현허기가 쬐께 저시기헌게 기양 거시기라고 말혀 버리제 이잉. 한마디로 확실헌 뜻도 없음서 모든 말을 아우르는 말이 '거시기'이고 '저시기'여~. 부끄러워서 표현하기가 머혀도 거시기, 머릿속이 까막까막혀서 잘 생각이 안 나도 저시기, 잘 아는 것도 심심허먼 거시기~."

"아니 '쉬~' 하는 그것을 그대로 불러먼 머가 어떻다고 그것을 거시기라고 헌당가? 좋은 이름 놔두고 꼭 거시기라고 히야 쓰까 이잉?"

"허기사 인간덜만 부끄럼 타지, 다른 동물들이야 그 거시기를 뻔뻔시럽게 다 내놓고 댕김서도 아무렇지도 안응게. 다른 것들이 보거나 말거나 벌건 대낮에도 수컷 암컷이 그 거시기를 맞대서 이층을 만들어 버리는 판인게. 식물들은 한술 더 떠 버린게 더 헐말 없고…. 온갖 이쁜 꽃들이 알고 보면 다 그 거시기 아닌가? 아니 어치케 인간이라면 그 거시기를 자랑시럽게 드러내 놓고 '나 이쁘지?' 헌당가? 한마디로 벌과 나비들헌티 자기 거시기를 울긋불긋 색칠혀서 내놓는 식물들이야말로 '천하의 호로 자석' 아니면 '선악미추를 초월한 보살님'이네 그려."

"듣고 보니 아닌 게 아니라, 저시기가 거시기혀 부린 게 영 거시기혀 불고만 이잉."

하여튼 미당 선상님이 굳이 말씸 안 허셔도, 국어사전 떠들러 보면 다 나오는 거시기인디…. 야그허다가 쬐께 뜸 들일라고 헐 때도 "저, 거시기~" 험서 헛기침 몇 번 허는 거시고, 야그허다가 짐짓 나 말에 빠져 있는 상대방 애간장 녹일라고 "저, 거시기 있잖혀?" 허고 길게 빼면서 능너리를 슬쩍 한번 쳐 보는 거시고….

차라리 '시란 거시기다' 허면 역시 미당 선상님이다 헐 거신디. '한 송이 국화꽃을 피우기 위하여 거시기는 봄부터 그렇게 거시기했나 부다' 혀도 다 알아들을 거신디.

① 말하는 도중에 사람이나 사물의 이름이 얼른 떠오르지 않을 때 그 이름 대신으로 쓰는 말. 대명사. ② 말하는 도중에 갑자기 말이 막힐 때 내는 군말.

물론 미당 선상님 시는 여그서 끝나지 않고 그 뒤로도 한참 질게 나오지만, 거시기에 대한 뜻은 이것이 전부라고 헐 수 있구만이라. 그 다음 야그는 일연 시님의 《삼국유사》에 나오는 '거타지(居陁知) 설화'를 약간 각색헌 것이라고 헐 수 있응게요.

거시기는 신라의 진성여왕 때
사실로 살아서 숨 쉬고 있던

정말로 따분한 총각이었네.
팔자가 제일 흉한 총각이었네.
수투룸하지만 활도 잘 쏘고
성명 삼 자도 쓸 줄도 알았는데
똥구녁이 다 말라서 찢어질 만큼
너무나 너무나도 가난했었네.
그래서 대국의 당나라에로
챙피하게 조공을 바치러 가는 배에
호위병을 지망해 한몫 끼어 갔는데,
그래서라도 목구먹에 풀칠하며 갔는데,

팔자 사나운 놈은 독에 들어가도 못 피한다고
때마침 바다에는 태풍이 몰아쳐서
그 배는 밀려가다 외딴 섬에 닿았지.
용왕님이 노하셔서 이래 싸시니
한 놈은 희생으로 여기 두고 가야 해!
선장의 명령으로 그 한 놈을 제비 뽑는데

재수도 지지리는 못 타고 난 놈
우리 거시기가 거기 또 뽑혔지.

운수 좋은 사람들이 배 타고 떠난 뒤에
거시기만 혼자서 먼정다리같이 섰는데
머리가 하아얀 할애비가 와 말씀키를
너를 집어 먹자는 건 용왕이 아니라
늙은 여우가 둔갑해 된 마왕이니라.
이 몸은 사실은 동해 용왕이지만
동해에서 호국룡 된 문무대왕님께는
나도 한 부하의 신분에 있는 터라,
딴 배포를 가지는 좌파는 아니다.
그런데 근일에 그 마왕 놈이
우리 식구는 모조리 다 잡아먹고
시방은 나하고 막내딸 하나만 남았다.
하루에 하나씩을 잡아먹으니
내일 모레까지면 우리는 없고,

그 다음 날은 할 수 없이 네 차례가 될 것이다.
어떻냐? 너는 아조 활을 잘 쏜다면서?
이판사판 한바탕 겨뤄 보지 않겠니?
앞뒤를 다 터놓고 말씀하는 거였네.
험상스런 팔자에는 매양 붙어 다니는
구사일생 신세에나 또 한 차례 놓였지.
그래선데, 거시기가 곰곰 생각해 보니
제 아무리 죽을 판에도 의리는 있어야는 거라
할애비의 부녀를 그대로는 둘 수 없어
이튿날은 새벽부터 활을 메고 나섰는데,
어디선지 웅얼웅얼 주문 외는 소리가 나더니
흑심에 철갑을 두른 마왕은 드디어 나타났네.
화살이 가 꽂힐 구먹은 하나도 안 보였네.

그렇지만 이런 경우엔 어떻게 하지?
젖먹이 때 기른 힘은 어디다 아껴 두고,
배내기 때 먹은 힘은 어디에다 놓아두나?

거시기도 그래도 그것은 알고
어디 한번 살고 보자! 살고 보자! 고
그 여우의 염통을 향해 활을 당겼네.

그러신데 이 세상엔 땡도 있긴 있는 것이야.
굼벵이도 어쩌다간 딩구는 재주가 있다고
거시기가 쏜 화살이 애앵 날아가더니
꼭 거짓말같이만 고 여우의 염통을 가 맞췄네.
이거야 정말 천지가 또 한 번 개벽해 볼 일이지.

그래설라문 잔 사설은 다 빼고
왜 그 남해 용왕 할애비의 막내딸 아이 있지 않아?
나이는 금시 이팔청춘이고
이뿌기는 산복숭아 꽃봉오리 새로 머문 것 같은데
제절로 요걸 얻어설랑 가슴패기에 끼리고,
파도 개여 잔잔한 날을 골라 배를 띄워서
고향으로 흔들흔들 돌아갔나니,

돌아가선 좁쌀이니 호박이니 수수목도 가꾸고
새끼들도 조랑조랑 까서 데불고
센머리가 파뿌리 되도록 오랜 살면서
거시기 팔자 상팔자로 고쳐 갔나니.

— 서정주, 〈저, 거시기〉에서

 간단히 야그혀서 미당은 거타지의 '타(陁)' 자가 잘못됐다는 것이지라. 그것은 원래 '시(施)'자였다는 거시지요. 즉 '거시기'의 한자 표음 표기인 '거시지(居施知)'라는 겁니다.
 미당은 '거시기'란 이름이 신라 시대에는 흔히 쓰였다고 말헙니다. 어느 정도였냐 허면 조선 시대 상놈덜 이름에 흔히 썼던 '바위'니 '큰 놈'이니 하는 것과 마찬가지였다는 것입니다. 《삼국사기》 문무왕 편에 보면 어느 현령 이름이 '거시지(居施知)'였을 정도라니까요. 근디 미당 선상님은 신라 시대에 살아 봤당가요? 어찌 그리 직접 본디끼 말헌대요? 혹시 미당 선상님 자신 이름이 신라 시대에 '서 거시기' 아니었을랑가요?
 히히히, 그건 그렇다 쳐도 미당 말대로라면 영화 〈황산벌〉은 또 뭔가요? 신라 사람덜이 '거시기'를 더 잘 알고 있었다는 야근디, 김유신 장군은 멋헐라고 '거시기'의 뜻을 알라고 그 난리를 쳤당가요?

허기사, 김유신 장군은 처음부텀 황산벌 전투에서 빨리 이기려는 뜻이 밸로 없었응게요. 그냥 뭉그적거리고 앉아서 시간만 벌고 있었다면 좀 심허게 야그헌 건가요? 당나라군 13만과 백제 주력군 10만(+왜군 수만 명)이 맞붙은 기벌포 싸움이 어치케 되는가? 누가 이기는가? 사실 그것이 문제였지라. 당나라가 이기면 신라군도 얼릉 황산벌에서 백제군을 깨고 사비성으로 나가면 되고, 백제군이 이기면 적당히 핑계를 대서 경주로 컴백홈!! 허면 됭게요.

아니 명색이 5만 군대가 5천 군대에 막혀서 그 중요헌 기벌포 전투에 참가를 못허다니요? 무신 '거시기'라는 암호를 못 풀어서 계백 장군헌티 막혔다니요? 푸하하하! 황산벌은 바위로 된 천연 요새도 아니고 그냥 사방이 툭 터진 들판일 뿐인디…. 그런디서 어치케 5천 명이 5만 명을 이긴대요? 맘만 먹으면 어린애 손목 비틀기지라. 김유신은 될 수 있으면 피를 쬐께만 흘리면서, 손 안 대고 코 풀라고 일부러 게으름을 핀 것이고, 결국은 그렇게 되야 버렸지라.

아이고, 야그가 쪼께 옆으로 새 번졌구만이라. 긍게 다시 거시기 야그인디, 영화 〈황산벌〉에서 의자왕은 계백 장군헌티 "아무려도 니가 거시기혀야겄다"고 말헙니다. 계백은 거시기가 먼 뜻인지 한순간에 척 알아듣습니다. 결사항전. 한마디로 죽으라는 것이지요.

계백도 부하덜한티 말헙니다. "우리의 전략적인 거시기는 머시기헐 때까지 갑옷을 거시기 헌다." 부하들도 단번에 알아듣습니다. 죽을 때까지 갑옷을 벗지 말라는 뜻을.

긍게 결국 '거시기'는 나도 알고 너도 알고 모두가 알지만, 그것을 굳이 말로 딱 부러지게 표현헐 필요가 없는 것이구먼요 이잉. 의자왕이 계백 장군헌티 "너가 목심을 바쳐서 싸워야겄다! 죽을 때까정 싸워라!!"라고 노골적으로다가 표현허기가 좀 거시기헌 거시지라. 쬐께 미안허기도 허고, 짠허고 껄쩍지근허고….

계백 장군도 마찬가지지라. 부하덜헌티 '머시기헐 때까지 갑옷을 거시기허라'고 혀야지 '죽을 때까지 갑옷을 벗을 수 없다'고

헐 수 없응게요. 어차피 부하들도 죽을 줄 잘 알고 있는디 굳이 그 말을 다시 입에 꺼내, 그 시린 가심에다가 또 소금을 쳐 댈 필요는 없응게요.

언론인 이광훈 씨는 거시기의 '쿠션 기능'에 감탄헙니다. 대충 애매헌 것은 거시기라고 허면 두루 통한다는 것이자. 물론 자기들끼리는 속속들이 너무나 잘 알고 있어야겄지요.

탤런트 김성환 씨가 말헌 '군산의 거시기 삼 형제와 그 아부지'처럼, 오래 한솥밥 먹은 사람들끼리는 일일이 모든 것을 콕 찝어서 말헐 필요가 없지요. 이때는 거의 '거시기 머시기 저시기'로 다 통헙니다.

긍게 1960년대 이전까지만 혀도, 시골에서는 누구네 집에 숟가락 몇 개가 있는 거까정 다 알었습니다. 그 동네 사람덜끼리는 아무리 거시기 머시기라고 혀도 다 알아들었을 밖에요. 다 알고 있는디, 굳이 그것을 머 땜시 재미없게, 헌 말 또 허고, 또 허고 그런다요?

아 참, 저그~ 머시냐~ 어떤 사람덜은 '무시기'라는 말도 쓸 때가 있습니다. 아니, 거시기도 헷갈리는디 무시기는 또 먼 구신

씨나락 까먹는 소리랑가요? 무시기는 '무엇'이 변해서 된 말이고, 머시기는 무시기의 사촌이라고 보면 되겠습니다. 머시기의 '머'는 무엇(무어)의 준말인 '머(뭐)'를 어원으로 갖고 있응게요. 긍게 '무시기, 머시기'는 '거시기'허고는 쬐께 거시기허다고 헐 수 있지요. 하지만 '저시기'는 거시기와 같다고 볼 수 있습니다. 거시기가 구개음화되어 저시기가 되어 부렸응게요.

"어이, 무시기부터 히야 쓴당가? 나 생각으로는 거시기부터 히야 쓰겄고만 이잉. 우리 무시기 갖고, 슬슬 저시기 좀 히어보까 이잉?"

그건 그렇고 또 야그가 샛길로 빠져 버렸는디. 일단 이광훈 씨 야그 잠 들어봅시다.

"거시기나 머시기는 참으로 편리한 낱말이다. 화투판에서 껍데기로도 쓰고 열끗짜리로도 쓰는 국화패처럼 적당한 단어가 얼른 생각나지 않을 때도 쓰고, 면전에서 직설적으로 표현하기 곤란한 내용을 전달할 때도 쓸 수 있는 양수겸장의 단어이기 때문이다. … 거시기나 머시기는 오랫동안 바깥 세계와 담을 쌓고 사는 동질성이 높은 사회에서는 쉽게 알아들을 수 있는 낱말이다. 아버지가 밥상머리에서 '뉘집 둘째 아들 거시기는 곧 머시기한다더니…'라고 말하면 식구들은 그 거시기, 머시기가 무엇을 말하는지를 금방 알아듣게 마련이다."

솔직히 말혀서 니가 알고 나가 안다면, 거시기 한 단어로 표현 못헐 말이 없습니다. 거의 무한대라고 헐 수 있습니다. 하지만 전후사정을 잘 모르는 남덜이 들을 땐, '지덜끼리 비밀을 지키기 위해 소근대는 암호'로 생각될 소지도 없지 않아 쬐게 있다고 하겠습니다.

참말로 말 많은 시상입니다. 말들도 얼매나 번드르르헌지, 말만 듣고 있자면 태평성대가 따로 없다는 생각이 저절로 들어 부립니다. 근디 문제는 같은 편일 때만 거시기허다는 겁니다. 내 편이 아닐 때는 가차 없이 '창 같은 말', '비수 같은 말'이 거시기헙니다. 상대 가심을 꼭꼭 찌르고, 상대 거시기를 베어 버립니다.

여당의원이 '저것은 거시기허다'고 말허면, 곧바로 야당의원이 '이것은 저시기허다'고 맞받아쳐 부린게요. 모든 단어가 똑 부러지고 옹골진 말들인디, 그 속은 알고 보면 텅텅 빈 맹탕입니다. 모다 진정성이 하나도 없는 싸가지 없는 말들입니다. 말이 말을 낳고, 그 말들은 화살이 되어 이곳저곳 강호를 활개침서 댕깁니다.

  말을 망쳐 놓은 것은 하나같이 배운 사람덜입니다. 까막눈 시골 농부나 산골 할머니, 할아버지들 말씸은 쬐께 촌시럽고 투박헐지 몰라도 그 속은 꽉 차 있습니다. 그분들은 '거시기'란 단어 하나만 가지고도 다 통해 부립니다. 굳이 많은 단어가 필요 없응게요. 이미 맘으로 다 통허는디, 무신 군더더기가 필요허겄습니까. 그분들헌티 말이라는 것은 그 마음을 확인허고 다짐허는 노래 같은 것이라고 볼 수 있습니다.

  일본의 소설가 나쓰메 소세키(1867~1916)는 어느 날 한 정치인으로부터 정중한 초대장을 받았습니다. 그는 곧 하이쿠 시로 답장을 보냈습니다.
  '뻐꾸기가 밖에서 부르지만／똥 누느라 나갈 수가 없다.'
  1960년대 어느 날 신동엽(1930~1969) 시인은 서울 태평로 국회의사당 앞에서 고래고래 소리쳤습니다.

"국회의원 두 개에 십 원! 국회의원 두 개에 십 원!"

이 땅의 정치인들 말은 더 이상 믿을 수가 없습니다. 왜 하나같이 '나만 옳다'고 고래고래 소락때기를 질러 대는지 모르겠습니다. 입만 열면 "존경하는 국민 여러분~" 험서도 막상 국민덜 소리는 하나도 듣지 않습니다. 인자 하도 속고 지쳐서 그들 말은 거꾸로 들립니다. '정부'라고 허면 '부정'으로 들리고, '사치'라고 허면 '치사'로 들려 버립니다. '부자'는 '자부'이고, '재산'은 '산재'이고, '여행'은 '행여'이고, '병사'는 '사병'이고, '일생'은 '생일'이고….

공무원 · 경찰관 · 선생님 · 언론인 · 고위 군인들…. 하나도 다를 거 없습니다. 다 '네 잘못'이라고 손가락질혀 대기 바쁩니다. 요즘 시상에 언론이 어디 있당가요? 기양 자기덜이 보고 자픈 것만 보는디…. 이 방송 저 방송도 들어 보고, 이 신문 저 신문 모다 봐야 어렴풋이 그림이 쬐께 그려질랑가 말랑가 혀 부립니다.

'이론'은 '논리'로 들리고, '사설'은 '설사'로, '기사'는 '사기'로 걍 뒤집어 들려 버리는디, 도대체 나가 어치케 잘못된 거신지, 아니면 이 시러배 같헌 시상이 거꾸로 돌아가는 거신지 정말 화안장헐 노릇입니다.

'드라마'라고 하면 무신 '마라도 섬'이 생각나 불고, '포커스' 어쩌구저쩌구허면 '서커스 곡마단'이, 무신 *BS방송이니 *BC방송이니 혀싸면 언뜻 S라인이나 기원전(BC) 미라가 떠올라 버리니, 머릿속에서 쥐들이 달음박질허는 것 같습니다.

소설가 김훈은 '댓글 세상'이라고 말해 버립니다. 더 이상 말이 통허지 않으면 '무기의 시대'가 온다고 말헙니다. 인자 더 이상 '듣기 세상'은 사라졌다고 한탄헙니다. 온갖 넘들이 소락때기만 지르지 말고 일단 좀 남의 말을 들어 봐야 허는디, 듣는 넘은 하나도 없으니 '소음의 시상'이 된 것이지요. 온갖 개소리덜이 어지러운디, 더 웃기는 짬뽕은, 맨 처음 짖는 개야 그려도 먼가 쬐께 알고 짖는다고 혀도, 그 나머지 개덜은 무조건 처음 짖는 개를 따라 지악시럽게 짖어 댄다는 겁니다. 꼭 푹푹 찌는 여름날, 악머구리 떼 울부짖는 거 같당게요.

> 말은 허약한 것이다. 내가 무슨 말을 하거나 칼럼을 써서 자기 의견을 주장했다고 치자. 아주 고귀하고 고매한 진리를 말했다

고 치자. 나의 생각과 정반대로 이야기를 해도 훌륭한 말이 된다. 그 반대로 이야기해도 또한 말이 성립이 되고 훌륭한 담론이 되고 멀쩡한 틀이 된다. 그럼 나의 말은 무엇인가. 나의 주장은. 그것은 남의 언어에 의해서 부정당할 수밖에 없게 된다. 그리고 나를 부정한 남의 말, 그것은 또 다른 언어에 의해서 부정된다. 이 허약한 것이야말로 언어의 힘인 것이다. 언어란 바로 그렇게 무너지고 수정되듯 허약한 것이기 때문에 그 안에 소통할 수 있는 힘이 들어 있는 것이다. 그렇지 않고 언어가 완강한 돌덩어리처럼 굳어져 다른 언어에 의해서 절대로 부서질 수 없다면, 그것은 언어가 아니고 무기이다. 그런 언어는 소통되는 것이 아니다. 그런데 지금 우리 시대의 언어는 무기의 모습을 닮아 가고 있다. 그리고 그것을 정의라고 믿는다. 소통을 단념한, 단절만의 정의이다. 단절만이 완성된 것이다. … 말이 세계를 개조한다는 것은 아마 말이 세계를 개조할 수 있는 한도 안에서만 할 수가 있을 것이다. 쉽게 말하면 말로 해서 안 되면 어쩔 수가 없는 것이다. 말로 안 되면 어떻게 하나? 그 다음은 무기의 세계이다. … 요즘 우리 사회의 가장 큰 언어적 비극은 들기가 안 된다는 것이다. 우리는 채팅만 하는 시대에 살고 있다. 듣기가 안 되니까 청각장애인들이 다 모여 있는 것이다. 혼자서 담에 대고 떠들어 대는 것과 마찬가지로 비극적인 언어현상이 벌어지고 있다. … 나는 요즘 신문이나 저널을 읽기가 너무 어렵다. 왜냐하면 그 언어가, 이 사회적 담론이 의견과 사실을 구별하는 능력을 상실한 지 이미 오래됐기 때문에, 대체 무슨 말을 하는지 알 수가 없는 것이다. 의견을 사실처럼 말하고 사실을 의견처럼 말해 버리는 것이다.

— 김훈, 《바다의 기별》에서

말이 돌처럼 딱딱허게 굳은 시상. 청각장애인들의 채팅 전성시대. 저마다 담벼락에 대고 혼자 앙앙불락허는 미친넘들의 나라. 거시기는 아조 물렁허고 말랑말랑허기 짝이 없는 허약헌 단어입니다. 되는 거도 없고 안 되는 거도 없고, 이놈이 '어' 허면 '어' 허고, 저놈이 '응' 허면 '응' 허고, '사실'이라면 '그런게비다' 허고, '의견'이라면 '또 그런게비다' 헙니다. 거시기는 속창아리가 없습니다. 실체도 없고, 무신 뜻도 없고, 낙지같이 흐물흐물 뼉

다구 없는 연체동물입니다.

　그런디도 거시기는 모든 것을 다 품에 안습니다. 바닷물도 안고, 강물도 안고, 또랑물도 안습니다. 진보도 이쁘다 허고, 보수도 이쁘다 허고, 뚱보도 멋있다고 허고, 할머니, 할아버지도 최고라고 헙니다. 거시기는 죽어도 편을 안 가른당게요. 그냥 모든 게 거시기허고 저시기헙니다. 그것은 맴과 맴을 이어 주는 '침묵의 소리'입니다.

　이 시상에 어떤 단어도 사물을 정확하게 모두 담을 수는 없습니다. 내가 '꽃'이라고 부르는 순간 진짜 '꽃'은 화르르 휘발해 버립니다. '촛불'이라고 규정짓는 순간, 그 '촛불의 본질'은 훨훨 날아가 버립니다. 말은 그냥 사물의 냄새나 기억을 쬐께 담을 수 있을 뿐입니다.

　이 땅별에 사는 모든 먹물들은 '말의 노예'들입니다. 말이나 단어 속에 모든 게 들어 있다고 생각혀 부립니다. 그래서 말의 신도가 되고, 낭중에는 지가 그 말의 주인이 됐다고 생각헙니다. 맘껏 말을 부릴 수 있다고 착각혀 부립니다. 말로 창과 비수를 만들어 눈깜땡깜 마구마구 휘둘러 버립니다. 그 순간 그는 말의 노예

가 되는 거신디, 그걸 까맣게 모릅니다.

　지발 올해엔 말들이 지 자리를 찾었으먼 좋겄습니다. '거시기' 같은 말랑말랑헌 말들이 차돌멩이 같은 언어들을 쬐께 녹여 줬으먼 좋겄습니다.

　"어이, 나가 마리여, 어저끄 거시기랑 거시기허다가 거시기헌 티 거시기혔는디, 걍 거시기혀 부렀다."

　"오매~ 이잉~ 어찌 쓰까 이잉? 긍게 나가 그렇게 거시기랑 거시기허지 말라고 거시기허잖든가? 사람이 먼 말을 허면 좀 거시기히야지 원."

"아따 왜 그런다요 이잉~? 사람 사는 이치가 어치케 거시기 안 허고 거시기헌다요. 그냥 나가 거시기혔다고 생각허고 거시기 혀 부리제."

"허, 자네 참, 뱃속 한번 거시기허고만 이잉. 그리고 이 사람아, 앞으로는 거시기는 구신도 모르는 거신게 나한티 자꼬 거시기 거시기 혀싸지 마소! 인자 고만 좀 거시기 머시기혀라 그 말이네."

"긍게요 이잉. 저그 거시기 머시냐, 나도 거시기를 안 헐라고 저시기 허는디, 자꼬만 거시기가 나오는디 어치케 거시기헐 거시오. 앞으로 조심헐 팅게 우리 그런 뜻으로 한번 거시기혀 부립시다. 이잉."

8
...

에너지가 철철 넘치면서도
낮고 유순한 땅 모악산

모악산은 해발 794미터의 그리 높은 산은 아니지만 팔을 벌린 듯 동서로 뻗은 긴 능선은 완주군과 김제군을 갈라놓고 있습니다. 모악산에는 어머니의 가슴에 머리 박고 젖 먹는 형상의 '엄바위'가 있어 이 산을 '엄뫼'라 부르기도 하는데 이 엄바위에서 흘러내린 물이 젖줄이 되어 김제 만경 넓은 벌을 적셔 준다고 합니다. 이름 그대로 모악이며 엄뫼입니다.

이 산은 미륵신앙의 종조(宗祖) 진표율사가 입산하고 입적한 곳이기도 하며, 동학농민전쟁의 패배로 무참하게 좌절된 농민들의 황폐한 정신에 '후천개벽'의 사상을 심어 준 증산교의 본산이기도 합니다. 산의 크기에 비해 넘치는 역사성을 안고 있습니다.

금산사를 비롯해서 크고 작은 암자, 가마솥 위에 세운 미륵상, 20여 증산교당, 이 모든 것들이 한결같이 산 너머 김제 쪽 기슭에 자리 잡고 있는데, 이는 물론 그쪽이 산남(山南)의 향양처(向陽處)이기도 하지만, 아마도 김제평야 소산(所産)의 농산물 잉여에 그 물질적 토대를 두고 있기 때문이라고 생각됩니다.

미륵의 현신(現身)은 물론이고, 천기(天氣)와 비기(秘記), 정토(淨土)와 용화(龍華)와 개벽의 사상은 넓은 대지에 허리 구부리고 힘겹게 살아가는 농민들의 예지의 창조물이면서 동시에 그들 위에 군림해 온 상전이었다고 생각됩니다.

지금 모악산 산정에는 통신중계소의 첨탑이 무엄하게(?) 하늘을 찌르고 있어 그것을 바라보는 우리들로 하여금 엄바위의 젖줄을 근심하게 하고 노인과 아녀자들만 남아서 지키는 농사를 걱정하게 합니다.(1986년 7월 12일)

완산칠봉 바라볼 때마다
전주성 밀고 들어가던
농군(農軍)들의 함성들이
땅을 울리며
가슴 한복판으로
달려왔었는데
금년 세모의 완산칠봉에는
'전주화약(全州和約)' 믿고
뿔뿔이 돌아가는

농꾼들의 여물지 못한
뒷모습 보입니다.
곰나루, 우금치의
처절한 패배도 보입니다.
그러나 우리는 다시 봅니다.
강물은 끊임없이 흐르고
해는 내일 또다시 떠오른다는
믿음직한 진리를
우리는 다시 봅니다.

새해를 기원합니다.(1987년 12월 24일)

— 신영복,《감옥으로부터의 사색》에서

모악산은 발밑에 김제 만경 들판을 키웁니다. 만경강·동진강이 바로 그 생명의 젖줄입니다. 두 강물은 갈지자로 느릿느릿 들판을 고루 적시며 서해로 빠집니다. 붉게 물든 저물녘, 들판은 강물과 두런거리며 어둠을 맞습니다. 농

모악산

부들은 저마다 저문 강에 삽과 손발을 씻고 집으로 돌아갑니다. 저 멀리 개밥별이 뜨면, 들판은 몸을 납작 엎드려 바다 냄새에 취합니다.

　김제 들판은 그렇게 수천수만 년 동안 모악산의 품에서 자랐습니다. 어머니의 품을 그리워하며, 자신은 또 다른 뭇 생명을 키웠습니다. 평평한 호남평야 들머리에 갑자기 우뚝 솟은 산. 하지만 쪼글쪼글하고 밋밋한 어머니 젖가슴 같은 산. 발아래엔 모두 '쇠금(金)'자로 시작되는 마을들을 거느리고 있습니다. 금평(金坪)·금산(金山)·금구(金溝)·김제(金堤)…. 우리말로 금들·금뫼·금도랑·금언덕…. 그렇습니다. 모악산 골짜기에는 물이 많습니다. 수생금(水生金)입니다. 물은 금을 낳습니다. 생명을 키웁니다. 만경강과 동진강이 호남평야를 목 축이는 것도 바로 그런 이치입니다.

　골짜기에서 흘러내리는 물을 거르면 사금이 쏟아졌습니다. 한때 겨울만 되면 산자락 논밭마다 사금 캐는 사람들로 북적거렸습니다. 포크레인으로 땅 밑 깊숙이 논밭을 갈아엎은 뒤, 그 모래흙을 체로 거르면 사금이 나왔습니다.

하지만 지금은 겨울이 돼도 사금 채취업자들을 보기 어렵습니다. 슬슬 바닥이 보이기 시작한 것입니다. 예전에는 조금만 파도 사금 먹은 모래흙을 파낼 수 있었지만, 이젠 그보다 훨씬 몇 배 더 깊이 파야 합니다. 나오는 사금의 분량도 전보다 많이 줄어들었습니다. 한마디로 수지타산이 맞지 않게 된 것입니다.

김제 사람들은 말합니다. "원래 모악산 밑에 사람 형상의 커다란 금덩이가 있었는데, 일제강점기에 일본인들이 머리와 팔다리 그리고 몸통 일부까지 다 캐 가 버렸다. 이제 남은 것은 몸통의 극히 일부뿐이다. 그것도 아주 땅속 깊숙이 묻혀 있다."

모악산은 그 생김새가 오공비천혈(蜈蚣飛天穴)이라고도 하고 행주형(行舟形)이라고도 합니다. 오공(蜈蚣), 즉 '지네가 머리를 쳐든 모습'인데 그 한가운데 혈자리에 금산사가 있다는 것입니다. 떠나가는 배 곧 행주형(行舟形)은 연꽃 모양의 배를 말합니다. 물론 봉우리들도 모두 연꽃잎 모양입니다. 배는 막 부처님이 계신 서방정토를 향해 항구를 떠나려 하고 있습니다. 김제 금산 쪽이 배 앞머리 부분이고, 완주 구이 쪽이 배 꼬리 부분입니다. 모악산 앞 금평 저수지 앞에 우뚝 서 있는 제비봉(帝妃峯)이 바로 돛대

금산사 미륵전

에 해당합니다.

　금산사 미륵전(국보 제62호)은 연꽃의 한가운데 수술 부분에 자리하고 있습니다. 배는 바로 미륵보살의 나라인 것입니다. 미륵전은 미륵신앙의 성지입니다. 주위의 미륵 관련 신흥종교들의 중심이 바로 미륵전입니다. 하지만 불교 조계종 입장에서 보면 그건 부처님의 도량입니다. 신흥종교와 대한불교조계종이 늘 신경전을 벌이고 있는 이유입니다.

　스님들은 미륵교도들을 미신이나 사교신자로 보는 반면, 미륵

금산사 미륵전 미륵삼존불상

교도들은 그런 스님들을 답답해 합니다. 진표율사가 금산사를 창건할 때 미륵을 모셨으니, 금산사 스님들도 당연히 그 뜻에 따라 미륵을 모셔야 한다는 것입니다. 하지만 그러기는커녕 석가모니 부처만 모시니 진표율사의 창건 정신을 저버렸다는 입장입니다.

미륵은 한자로 가득 찰 미(彌), 짤 륵(勒)을 씁니다. 즉 하늘과 땅에 도가 가득 차도록 전 우주 생명이 하나가 되는 세상을 말합니다. 미륵전은 바로 그런 미륵의 뜻이 이루어진 유토피아나 마찬가지입니다. 곧 미륵보살이 살고 있는 도솔천인 셈입니다.

119

미륵전은 겉에서 보면 팔작지붕의 3층 건물이지만 안에서 보면 통 층입니다. 각 층에는 미륵세상을 뜻하는 각기 다른 명칭의 현판이 걸려 있습니다. 1층 대자보전(大慈寶殿), 2층 용화지회(龍華之會), 3층 미륵전(彌勒殿)입니다. 미륵전 안 미륵삼존불상 중 가운데 미륵불은 높이가 무려 39척(11.82미터)이나 됩니다.

계룡산이 신선이나 단군 관련 신흥종교가 대부분이라면, 모악산은 누가 뭐래도 미륵신앙의 보금자리입니다. 주위에는 수많은 미륵 관련 신흥종교들이 있습니다. 그들은 하나같이 미륵의 나라, 미륵의 세상을 꿈꿉니다. 용화세상을 그리워합니다. 산자락 아래엔 심지어 용화동이라는 이름의 동네까지 있을 정도입니다. 미륵은 용화수(龍華樹) 아래에서 깨달음을 얻었습니다.

이곳 사람들은 예부터 모악산 골짜기에 돈 벌러 들어가면 여지없이 망한다고 말합니다. 욕심을 가지고 들어가면 누구든 빈손으로 나오게 되어 있다는 것입니다. 빈손으로 들어갔다가, 빈손으로 나와야 비로소 사람이 된다는 것입니다.

모악산 자락은 에너지가 넘치는 땅입니다. 특히 김제 금산 쪽 제비산과 금평저수지 부근이 더욱 그렇습니다.

정여립은 제비산 월명암 아래에 터를 잡고 살면서 대동계를 만들었습니다. 월명암은 요즘에도 수백여 명의 고시 합격생을 배출한 암자로 유명합니다. 강증산은 제비산 옆 구릿골에 광제국을 차려 놓고 절망에 빠진 백성들을 구제했습니다. 녹두장군 전봉준은 그 아래 감곡 황새마을에서 감수성 많은 유년 시절 대부분을 보냈습니다. 원평이나 금구 장날엔 친구들과 함께 장바닥을 돌며 세상인심을 익혔습니다. 훗날 그의 오른팔이 됐던 동학의 금구 접주 김덕명과 태인 접주 손화중도 바로 그 시절에 사귀었던 동무였습니다. 요즘에도 이곳에선 '눈이 샛별같이 빛나는 차돌 같은 소년 녹두장군'에 대한 이야기가 전해 내려옵니다.

강증산은 서른에 모악산 골짜기에 들어와 삼라만상의 도를 깨우쳤습니다. 후천개벽과 원시반본을 외치며 모두가 대접받고 사는 세상을 꿈꿨습니다.

그렇습니다. 모악산은 유순하고 온화합니다. 모든 것을 받아들입니다. 하지만 참고 참다가 아니라고 생각될 땐 벌떡 일어섭니다. 정여립이나 전봉준·강증산 모두 백성과 더불어 사는 꿈을 꿨습니다. 결코 나만 잘났다며 혼자 가는 영웅의 삶을 꿈꾸지 않았습니다. 그들은 늘 민중과 함께 울고 웃었습니다. 그러다가 백성들의 뜻에 따라 결연히 일어났습니다.

강증산은 촌스럽습니다. 언행도 말투도 서민적입니다. 신도들과 전주 용머리고개 주막집에서 막걸리도 곧잘 마시고, 신이 나면 얼씨구절씨구 어깨춤도 들썩였습니다. 꽹과리나 장구는 물론 굿도 잘했습니다. 하기야 어릴 때 농악 소리를 듣고 크게 깨우쳤다고 하니 당연한 결과라 하겠습니다. 후천개벽을 상징적으로 집행하는 그의 천지공사(天地工事) 땐 북, 꽹과리의 농악 장단으로 춤추면서 주문을 외웠습니다. 그는 말했습니다. "나는 광대요 무당이며 천지농사꾼이다. 광대와 무당이 바로 가장 큰 후천개벽의 전위다."

증산(甑山)의 '증(甑)'자는 '시루'를 뜻합니다. 증산은 곧 시루봉을 말한다고 할 수 있습니다. 음식을 삶으면 국물이 우러나 맛이 달라집니다. 하지만 시루에 찌면 제맛을 잃지 않습니다. 생명의 싱싱함이 살아 있습니다.

모악산은 늘 사람들과 함께 갑니다. 백성들의 결에 따라 움직입니다. 부드럽습니다. 김제 앞바다 개펄에서 나는 백합같이 속이 단단합니다. 백합은 한번 점프하면 자기 몸의 백 배까지 뛴다는 말이 있을 정도로 힘이 좋습니다. 겨울엔 개펄 속 60~70센티미터까지 깊숙이 박혀 있다가, 봄엔 20~30센티미터쯤으로 올라옵니다.

모악산도 평소엔 깊숙이 속에 담고 있을 뿐 잘 드러내지 않습니다. 결코 잘났다고 스스로 나서는 법이 없습니다. 하지만 화가 나면 불끈 일어나 돌진합니다. 백합이 바다 개펄 속에서 자기 몸의 몇 배를 점프해서 이동하듯, 모악산도 "우지끈 땅!" 벼락같이 포효합니다. 견훤과 녹두장군이 그랬고, 정여립과 강증산이 그랬습니다. 모악산은 지금 참고 또 참고 있습니다.

9

푸른 댓잎으로 남은
'혁명아 정여립'

일자 한자 늘어놓겠습니다 무식이 배짱입니다
성리학 주리노선은 천지 음양 귀천 상하의 계급노선입니다
그런데 좌파 주기철학은 일체 만물의 평등노선입니다
바로 이 화담 율곡 주기론을 이어 정여립은
그것을 더 발전시켜 허균의 자유주의와는 또 달리
앞장선 천하 평등노선을 강화합니다
주자는 다 익은 감이고 율곡은 반쯤 익은 감이고
또 누구는 숫제 땡감이라고 원조와 은사 할 것 없이
그리고 선배 따위 닥치는 대로 평가합니다
그는 동인 계열입니다 정철과 대결하다가
그놈의 늪 같은 권세 때려치우고 낙향해 버립니다
천하는 공공한 물건이지 어디 정한 주인 있는가
어허 위태위태한지고 이 말은 곧 존왕주의 주자학을
마구 거역함이 아닌가 될 말인가
어디 그뿐인가
인민에 해되는 임금은 살함도 가하고
인의 부족한 사대부 거함도 가하다

이런 칼 휘둘러 치듯 하는 우렁찬 말 듣고

오종쫑한 재상 도학자들 한꺼번에 크게 감동키도 했습니다

그는 대동계 세워 양반 양민 상민 사천노비 할 것 없이

상놈이 양반더러

먹쇠가 마님더러 야 자 해도 되는

대동계 세워

문무쌍권의 공부 시키니

때마침 왜구 침노하는 갯가 나가서 다 격퇴했습니다

임진왜란은 이미 그때부터입니다

그 이전 신라 고려 때부터입니다

호남 전역 해서 전역

대동계 식구 늘어나서 임진왜란 전 백성이 모여들었습니다

헌데 이 민족자결세력 늘어나자

조정의 정철은 대동계 일당과 선비 1천여 명을 검거합니다

천하 대역죄 먹여 홍살문턱 닳았습니다

정여립은 막판에 진안 죽도에서

아들하고 자결한 것이 아니라

서인 관헌 암살패에 의해 처참하게 죽은 것입니다

3백 년 뒤에나 5백 년 뒤에나 그 이름이 알려질 뿐이라고
이것이 전 민족의 항성을 묻고 변성을 키우는 짓거리라고
한탄하는 단재의 말마따나

— 고은, 《만인보》 1권 〈정여립〉 전문

겨울 강은 배를 드러내 놓고 있습니다. 모래밭이 항아리처럼 볼록합니다. 물은 한 모퉁이 조각달로 흐릅니다. 늙은 어머니의 빈 젖입니다. 쪼글쪼글한 가슴입니다. 더 이상 우렁우렁 콸콸 흐르지 않습니다. 몸 푼 기억이 아득합니다.

겨울 강은 웅숭깊습니다. 속으로 흐릅니다. 푸른 하늘을 담습니다. 산그늘도 담고, 새소리 바람소리도 담습니다. 달그림자와 별똥별이 잠을 잡니다. 짐승들은 목을 축입니다.

전북 진안 죽도(竹島)는 육지 속의 섬입니다. '물돌이 섬'입니다. 강물이 사방을 에워싸고 흐릅니다. 하늘에서 보면 '강물에 떠 있는 삿갓'입니다.

진안 죽도(오른쪽)와 천반산(왼쪽)

북동쪽은 덕유산에서 흘러내리는 구량천이 휘돌아 감고, 남서쪽은 금강 상류가 감싸 안습니다. 죽도엔 산죽이 우우우 자랍니다. 겨울에도 흰 눈 사이로 푸른 댓잎이 청청합니다. 구량천은 죽도를 지나자마자 금강 상류에 몸을 섞습니다. 죽도가 곧 '두 물머리'인 셈입니다.

　죽도 앞은 천반산(天盤山·646.7미터)입니다. 천반산은 죽도를 향해 용머리를 내밀며 엎드려 있습니다. 소가 엎드려 있는 것 같기도 하고, 돌고래가 콧등으로 막 공을 쳐 올리려는 순간 같기도 합니다. 공은 바로 그 앞에 있는 죽도입니다. 천반산 콧잔등은 구량천 백사장 하나 사이로 죽도에 닿을락 말락합니다. 쿵쿵 콧김을 내뿜으며 냄새를 맡고 있습니다.

　2009년은 기축년(己丑年) 소띠 해입니다. 기축년은 늘 바람꽃이 핍니다. 바람 속엔 진한 '징후의 냄새'가 배어 있습니다. 뭔가 꿈틀거리고 요동칩니다. 거슬러 오르다가 미끄러지고, 주저앉았다가 다시 일어섭니다.

　420년 전 기축년(1589)엔 피바람이 불었습니다. 조선 선비 천여 명이 떼죽음을 당했습니다. 기축옥사(己丑獄事)가 바로 그것입니다. 그 1년 뒤엔 도요토미 히데요시의 일본 통일이 있었고, 3년 뒤엔 임진왜란이 일어났습니다.

120년 전 기축년(1889) 언저리엔 나라 운명이 바람 앞 등잔불 신세였습니다. 5년 뒤(1894) 동학농민전쟁으로 불끈했지만, 곧이어 을사늑약(1905)과 한일병합(1910)의 치욕을 당했습니다. 60년 전 기축년(1949)도 혼란스럽기는 마찬가지였습니다. 백범 김구 선생이 테러에 의해 쓰러지더니 결국 그 다음 해에 6.25전쟁이 터졌습니다.

기축옥사 한가운데엔 전주 사람 정여립(1546~1589)이 있습니다. 그는 "누구나 능력에 따라 임금이 될 수 있다"고 말했습니다. 그것은 당시 조선 선비사회에 벼락 치는 소리였습니다. 천둥소리였습니다.

"왕후장상의 씨가 따로 있는 게 아닌 것처럼 귀천의 씨가 따로 없다. 천하는 백성들의 것이지 어찌 임금 한 사람의 것이 될 수 있는가? 누구든 섬기면 임금이 아니겠는가? 인간의 본성은 요 임금과 순 임금, 포악한 사람과 큰 도둑이 다르지 않다. 시정잡배도 배우면 우 임금이 될 수 있는 것이다."

일부 학자들은 정여립을 조선왕조 최초의 공화주의자라고 말합니다. 영국의 공화주의자 올리버 크롬웰(1599~1658)보다도 50여 년이나 앞섰다는 것입니다. 영국 공화정은 정여립이 죽고 60년 뒤인 기축년(1649)에야 비로소 처음 실시됐습니다.

"천하는 공물(公物)인데 어찌 일정한 주인이 있으랴!"

"인민에게 해가 되는 임금은 죽여도 괜찮고, 올바름을 실행하기에 부족한 지아비는 떠나도 괜찮다."

"백성과 땅이 이미 조조와 사마씨에게 돌아갔는데, 한구석 모퉁이를 차지하고 있는 유현덕의 정통이 무슨 소용이 있는가?"

  정여립은 열혈아였습니다. 피가 펄펄 끓었습니다. 거칠 게 없었습니다. 선조 임금 앞에서도 전혀 주눅 들지 않았습니다. 선조 임금에게 건의할 때면 고개를 든 채 눈을 똑바로 뜨고 따지고 들었습니다. 그리고 자신의 뜻이 받아들여지지 않으면 문밖으로 나서며 눈을 부릅뜨고 임금이 있는 쪽을 바라보기도 했습니다. 그는 속으로 '임금이 임금 같지 않다. 임금이 우리를 사랑해 주지 않는데 왜 신하인 우리들만 임금을 사랑해야 하는가?'고 생각했습니다.

정여립은 말을 참 잘했습니다. 그가 한번 입을 열면 말의 옳고 그름을 떠나 감탄하지 않는 자가 없었습니다. 조리 있게 논리적으로 이야기를 풀어 갔습니다. 논의가 격렬하고 거센 바람이 이는 듯해 그를 당해 낼 자가 아무도 없었습니다. 그러다 보니 사람 같지 않은 사람들을 우습게 알았습니다. 당연히 다른 사람들 눈엔 '잘난 체하고 남을 업신여기는' 것으로 보였습니다.

그는 한때 스승이었던 이율곡도 거침없이 비난했습니다. 이율곡은 정여립을 '당대 천재'라고 칭찬했던 사람인데도 말입니다. 정여립은 전형적인 천재 스타일입니다. 천재는 보통 사람과 차원이 다릅니다. 생각하는 것이 완전히 딴판입니다.

영재는 백 점은 맞을 수 있지만 딱 거기까지가 한계입니다. 천재는 천 점, 만 점…, 그 끝을 알 수 없습니다. 천재는 그 사회가 넓게 품어 주지 않으면 살 수 없습니다.

하지만 당시 '선비들은 정여립을 한 번이라도 만나 보는 게 소원《연려실기술》'이었습니다. 당대 최고 인기 스타였던 것입니다.

정여립은 벼슬이나 세도 같은 것에 연연하는 사람이 아니었다.

그렇다고 야심과 포부가 없었던 것은 아니다. 그는 누구보다도 자존심이 강했다. 상대가 속물이라고 생각하면 함부로 면매(面罵)를 했다. 어떠한 권위도 그의 안중에 없었다. 얄팍한 지식을 휘두르는 자를 보면 서슴없이 경멸의 언설을 삼가지 않았다. 위선의 냄새를 맡기라도 하면 거침없이 비난의 화살을 돌렸다. 스승인 이이를 비난하고 나선 것도 무슨 공리적인 목적을 노렸던 때문이 아니고, 혼자 점잖은 태도, 자기만 천하의 도리를 알고 있는 척하는 태도, 내가 아니면 안 된다는 식의 독선에 대한 혐오 때문이었고, 그 위선의 가면을 갈기갈기 찢어 놓고 싶은 충동 때문이었을 것이다.

― 이병주, 《소설 허균》에서

정여립은 서른아홉 때 벼슬을 버리고 고향 금구로 내려가 대동계(大同契)를 만들었습니다. '같이 더불어 사는 세상'을 꿈꿨습니다. '백성이 잘사는 나라, 모두가 잘사는 나라'를 바랐습니다. 양반·상놈·농민·노비·스님 등 그 누구든 뜻을 같이하면 계원이 될 수 있었습니다. 대동계엔 사당패·광대·점쟁이·풍수·

무당 등 별의별 인물들이 다 있었습니다. 반상의 귀천과 사농공상의 직업적 차별, 남녀의 성적 차별이 전혀 없었습니다. 그들은 서로 형제처럼 지냈습니다.

정여립은 《시경》의 다음 구절을 즐겨 외웠습니다. "씨 뿌리고 거두지 않으면 어찌 많은 곡식을 얻으며 사냥하지 않으면 어떻게 뜰에 걸려 있는 짐승이 보이겠는가? 군자여, 일하지 않는다면 먹지도 말라."

그는 진안 죽도에 공부방〔서실(書室)〕을 차렸습니다. 그때부터 사람들은 그를 '죽도 선생'이라고 불렀습니다. 전주 · 태인 · 금구 · 김제 등 여러 고을의 무사들, 관노와 사노들 중 씩씩하고 용감한 사람들과 매달 보름날에 한 번씩 모여 글도 배우고 활 쏘는 법, 말 타는 법, 칼과 창 쓰는 법도 배웠습니다. 술과 음식을 나눠 먹으며 세상 돌아가는 이야기도 나눴습니다.

전라도뿐만 아니라 저 멀리 황해도에서 온 참가자도 많았습니다. 1587년(선조 20)엔 나라의 요청으로 대동계원을 이끌고 남해안 손죽도(여천군 삼산면)를 침범한 왜선 18척을 물리치기도 했습니다.

하지만 정여립은 대역죄로 죽었습니다. 역사에는 그가 쫓기다가 죽도에서 스스로 목숨을 끊은 것으로 되어 있습니다. 하지만 석연찮은 게 한두 가지가 아닙니다. 뚜렷한 물증이 없습니다. 왜선을 처부술 정도로 용감했던 그의 대동계원이 단 한 사람도, 단 한 번도 저항했다는 흔적이 없습니다.

기거하던 금구에서 도주한 곳이 왜 하필 이미 사람들에게 잘 알려진 진안 죽도인가 하는 것도 의문입니다. 대동계는 닥쳐올 임진왜란을 대비하기 위한 준비 조직이라고 말하는 학자도 있습니다. 고은 시인은 정철을 비롯한 서인 일파에게 암살당했다고 단언합니다.

그렇습니다. 어쩌면 실제 정여립은 대역죄를 지을 만큼 일을 꾸미지 않았는지 모릅니다. 서인들의 음모에 희생되었을지도 모릅니다. 적어도 정여립 사건에 연루되어 죽은 선비 천여 명 중 99퍼센트는 억울한 죽음임에 틀림없습니다.

하지만 어차피 정여립은 살 수 없었을 것입니다. 혁명을 했든 안 했든, 그런 위험한 사상을 가지고 있는 사람이 어떻게 조선 사회에서 살아남을 수 있었겠습니까? 그 완고한 조선 성리학 사회에서 어떻게 견딜 수 있었겠습니까? 더구나 정여립은 생각만 가지고 있는 게 아니었습니다. 대동계를 통해서 그러한 이상사회를 실제로 보여 줬습니다. 사람들을 모아 무술 단련을 하며 뭔가를 꿈꾼 것은 틀림없습니다. 적어도 혁명을 도모하려는 생각은 가지고 있었던 것으로 보입니다.

사회가 발전하려면 천재가 마음껏 활동할 수 있어야 합니다. 천재를 알아보는 군주가 있어야 합니다. 선조는 그런 위인이 못 되는 임금입니다. 시기심이 많고 모질며 고집까지 셉니다. 변덕이 죽 끓듯 하고 괴팍하기 짝이 없는 인물입니다. 만약 그가 훌륭한 임금이었다면 정여립 같은 천재를 잘 활용하여 조선을 세계 제일의 국가로 만들어 놓았을지도 모릅니다. 만약 그랬다면 임진왜란 같은 전란도 겪지 않았을 것입니다.

천반산 잔등은 평평합니다. 사람이 살 만한 분지가 숨어 있습니다. '하늘에서 떨어지는 복숭아를 받는 소반' 같다고 해서 천반낙도(天盤落桃)의 땅이라고도 불립니다. 트레킹하기도 편안합니다. 낙엽이 켜켜로 쌓여 있습니다. 사방은 시야가 툭 트였고 솔바람 소리 맑습니다. 저 아래엔 가문 강물이 구불퉁구불퉁 엎드려 있습니다. 하늘은 눈이 시리도록 파랗습니다.

천반산 곳곳엔 정여립의 흔적이 남아 있습니다. 훈련할 때마다 천반산 제일 높은 곳에 '大同(대동)'이라는 깃발을 꽂았다는 깃대봉, 훈련 지휘소였던 한림대 터, 망을 본 망바위, 정여립이 말을 타고 뛰어넘었다는 30미터 거리의 두 뜀바위, 연설대였다는 장군바위, 부하들 시험 무대였던 시험바위, 정여립이 바둑을 두었던 말바위 등이 있습니다. 금강 쪽엔 정여립이 목욕할 때 옷을 벗어 걸어 두었던 의암바위도 보입니다. 수백 명의 밥을 지었다는 돌솥은 전설로만 내려옵니다.

겨울 강은 담담합니다. 펴지 않은 책입니다. 뜯지 않은 편지입니다. 그 갈피에 삶이 담겨 있습니다. 역사가 있습니다. 봄물이 불면 찰랑찰랑 다시 웅얼댈 것입니다. 책이 펴지고 편지는 읽힐 것입니다. 새들이 포르르 날아갈 것입니다.

진안 현감 민인백은 《토역일기》에서 말합니다. "정여립은 칼자루를 땅에 꽂아 놓고 자신의 목을 칼날에 찔러 자결했다. 그때 정여립의 목에선 마치 소가 우는 듯한 소리가 났다."

정여립의 처자식, 사촌 처가 삼족도 씨가 말랐습니다. 그의 친

구와 그를 따르던 사람도 모조리 죽었습니다. 정개청은 정여립 집터를 봐 줬다가 죽기도 했습니다. 정여립의 아비와 할아비의 무덤도 파헤쳐졌습니다. 그의 집은 부서지고 집터는 숯불로 지져 그 맥을 끊었습니다. 그리고 그 터를 연못으로 만들어 버렸습니다. 그가 살던 금구현은 없어지고 김제현에 편입됐습니다. 호남이 낳은 개혁적인 선비들의 떼죽음으로 호남에선 수백 년 동안 학문의 맥이 끊겨 버렸습니다.

정여립의 시체는 서울 저잣거리에 놓였고 서울 장안 백성들이 지켜보는 가운데 능지처참됐습니다. 그리고 토막 난 시체는 팔도에 하나씩 돌려져 역적의 비참한 말로를 보여 주는 전시용으로 이용되었습니다.

《조선을 뒤흔든 최대 역모사건》을 쓴 신정일 씨는 말합니다. "16세기 말 개혁적 선비의 떼죽음은 결국 임진왜란 때 인재 부족으로 이어졌고, 나아가 조선왕조 몰락의 결정타가 됐다. 선비들은 더 이상 바른 말을 하지 않았고 그것은 조선 사회를 썩게 만들었다. 시대의 흐름에 뒤처질 수밖에 없었으며 결국 일본에 나라를 빼앗기고 말았다."

단재 신채호 선생은 기축옥사를 '조선 5백 년 제일사건'이라며 한탄합니다. "이것이 전 민족의 항성(恒性)을 묻고 변성(變性)만 키우는 짓이다. 정여립은 3백 년 뒤에나, 5백 년 뒤에나 그 이름이 알려질 뿐이다."

그렇습니다. 정여립은 꽃을 피우지 못했습니다. 하지만 죽어서 많은 사람들 가슴속에 꽃으로 피었습니다. 그의 뜨거웠던 피는 땅 밑을 흐르다가 1894년 동학농민전쟁으로 터져 올랐습니다. 1980년 광주항쟁으로 피어올랐습니다.

죽도의 흰 눈 사이 푸른 댓잎으로 남았습니다. 무화과처럼 '열매 속에 속 꽃'을 피웠습니다. 천반산 구량천 백사장 갈대들이 서걱대며 몸을 풉니다. 천반산 밑 4백여 년 된 당집의 느티나무들이 우렁우렁 싹을 틔웁니다.

겨울 강은 저 혼자 깊어 갑니다. 겨울 노을에 비낀 가문 강물은 소리 죽여 흐릅니다. '우리가 물이 되어 만난다면, 흐르는 물로 만나서, 죽은 나무뿌리를 적시기도 한다면…' 봄은 언젠가 오고야 말 것입니다.

전북 김제 금산사 부근엔 정여립에 관한 이야기가 많습니다. 금산사는 후천개벽을 외치는 미륵신앙의 중심지입니다. 정여립의 출생지는 '전주 남문 밖'으로만 되어 있어 정확한 위치가 불분명합니다.

하지만 그는 한동안 금산사 아래 구릿골(동곡마을)에 살면서 이곳에서 처음으로 대동계를 조직했습니다. 그의 집터는 지금도 금평저수지 앞 제비산 월명암 부근에 남아 있습니다. 그가 죽은 후 조선시대 제비산엔 그 어떤 건물도 지을 수 없었습니다.

구릿골은 강증산이 '구릿골 약방'을 차려 놓고 천하를 구제하던 곳이며 그 부근 일대는 동학 김덕명포의 중심지였습니다. 또 녹두장군 전봉준이 그 인근 황새마을에서 청소년기를 지냈던 곳이기도 합니다.

정여립이 타고 다니던 '용마(龍馬)의 무덤'이란 곳도 있습니다. 구릿골 아래 김제시 금산면 쌍룡마을 앞 논 가운데 무덤이 바로 그것입니다. 정여립은 상두산에서 6킬로미터쯤 떨어진 김제 황산으로 활을 쏘았는데, 용마가 더 빠르게 달려가 그 화살을 물어 왔다고 합니다. 그런데 어느 날 화살을 쏘았는데 용마가 화살을 물어 오지 못했습니다. 정여립은 화가 나서 곧바로 그 용마의 목을 베어 버렸습니다. 그러나 나중에 살펴보니 화살이 용마 엉덩이에 꽂혀 있었습니다. 정여립은 크게 자책하며 그의 칼과 함께 용마를 그곳에 묻었다 합니다. 확인되지 않는 이야기이지만 그만큼 이 지방에선 정여립의 영향력이 대단했다는 것을 반증합니다.

김제 제비산의 정여립 집터

정여립의 용마 무덤

10
...

추사 김정희와
창암 이삼만

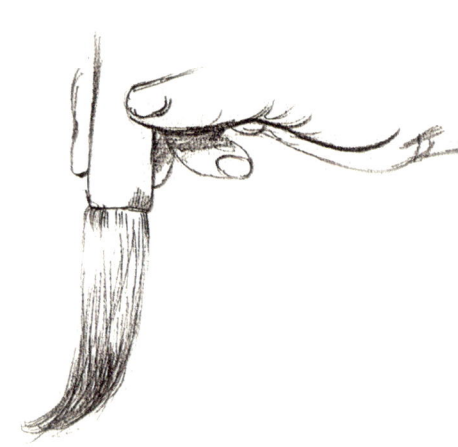

 창암 이삼만(蒼巖 李三晚, 1770~1847)의 글씨는 소박합니다. 꾸밈없고 천진스럽습니다. 낙관의 도장도 돌이나 나무 도장은 잘 쓰지 않았습니다. 거의 고구마 도장에 마른 인주를 발라 찍었습니다. 어디 그뿐인가요? 붓도 고급은 쓰지 않았습니다. 개꼬리를 대충 묶어 그걸로 글씨를 썼습니다. 칡뿌리로 만든 갈필, 대나무를 잘게 쪼개어 만든 죽필, 꾀꼬리 깃털로 만든 앵우필 등 무슨 붓이든 가리지 않고 직접 만들어 썼습니다. 종이도 한약 봉지나 헌 창호지, 낡은 부채 등 무엇이든 상관하지 않았습니다. 추사 김정희가 좋은 종이와 먹, 붓을 고집한 것과는 전혀 달랐습니다.

그래서 창암의 작품에는 이곳저곳 먹물 떨어진 흔적이 많습니다. 유홍준 전 문화재청장은 "이삼만의 글씨는 흐름이 도도하지 못하여 시골 개울물 같다. 혼자 열심히 글씨를 익혀서 스스로 일가를 이룬 지방 작가라고 할 수 있다"고 말합니다.

그렇습니다. 그는 어린 시절 집이 너무 가난해 공부는 아예 꿈도 꿀 수 없었습니다. 종이나 좋은 붓 같은 것은 생각조차 할 수 없었습니다. 산에서 나무를 하거나 약초를 캐며, 나뭇잎에 글씨를 쓰거나 지팡이로 땅바닥에 글자를 써 보는 게 전부였습니다. 창암은 말합니다.

"세상 사람들은 글씨는 좋은 종이와 좋은 붓으로 연습해야 한다고 하는데, 그렇다면 가난한 사람들은 어떻게 하란 말인가? 옛날에 참으로 글씨 잘 쓰는 사람들은 나뭇잎에다 쓰기도 하고 물로 쓰기도 했으며 혹 돌에 쓰고 혹 방석에 쓰기도 했다. 그러면서도 모두가 하나같이 이름을 후세에 길이 전했다."

그는 정읍 내장산 밑에서 태어났습니다. 아버지가 약초를 캐어 겨우 끼니를 해결했습니다. 하지만 그 아버지마저 창암이 스물네 살 때 독사에 물려 죽고 말았습니다. 그때부터 그는 내장산 주위의 뱀이란 뱀은 닥치는 대로 잡아먹기 시작했습니다. 특히 독사를 보면 그 자리에서 살과 뼈까지 우두둑 씹어 먹었습니다. '아버지 원수를 갚겠다'는 것이었습니다. 나중엔 뱀이 창암을 보면 아예 기를 못 펴고 얼어붙은 듯 꿈쩍도 하지 못했다고 합니다. 지금도 내장산 부근에서는 정월 첫 뱀날에 '이삼만'이라는 이름 석 자를 대문 앞에 써서 거꾸로 붙이는 풍속이 있습니다. 그렇게 하면 '뱀이 무서워서 집 안에 들어오지 못한다'는 것입니다. 정읍 사람들은 요즘도 창암을 '축사장군 이삼만(逐蛇將軍李三晚)', 즉 '뱀을 쫓아 주는 장군 이삼만'으로 부를 정도입니다.

추사 김정희(秋史 金正喜, 1786~1856)는 창암보다 열여섯 살 아래입니다. 그의 글씨는 호방하고 괴기스럽습니다. 우두둑 뼈가 일어서는 것 같습니다. 8천 미터가 넘는 히말라야의 거대한 암벽들이 우뚝우뚝 서 있는 것 같습니다.

추사는 글씨만 잘 쓴 게 아닙니다. 금석문은 말할 것 없고 불교 주역 등 모든 학문에 두루 통달했습니다. 그의 이름은 조선뿐만 아니라 청나라와 일본까지 당대 동아시아에서 으뜸이었습니다.

창암과 추사 사이에는 다음과 같은 이야기가 전해 내려오고 있습니다. 역사의 기록은 아니지만 여러 가지 시사하는 바가 많은 이야기입니다. 당시 추사는 떠오르는 해였고, 창암은 그믐달이었습니다. 사람들은 너도나도 추사를 말했지만, 창암은 그 빛에 가려 눈 밝은 이들이 아니면 잘 거론하지 않았습니다.

1840년 추사가 제주로 귀양을 가다가 당시 전주에 살고 있던 이삼만을 찾았습니다. 추사가 쉰넷, 이삼만이 일흔. 창암이 추사에게 자신의 글씨를 내보였습니다. 하지만 추사에게 창암의 글씨

가 눈에 찰 리 없었습니다. 한동안 묵묵히 창암의 글씨를 보던 추사가 이윽고 한마디 던졌습니다.

"노인장께선 지방에서 글씨로 밥은 먹고 살겠습니다."

이번엔 창암이 말이 없었습니다. 그저 자신의 글씨들을 주섬주섬 챙겨 한쪽에 밀어 놓을 뿐이었습니다. 창암은 추사가 떠난 뒤에야 비로소 제자들에게 넋두리 비슷하게 한마디 던졌습니다.

"저 사람이 글씨는 잘 아는지 모르지만 조선 붓의 헤지는 멋과 조선 종이의 스미는 맛은 잘 모르는 것 같더라."

창암이 죽고 3년 뒤인 1850년, 추사는 다시 전주에 있는 창암의 집을 찾았습니다. 추사 나이 예순넷. 예전의 혈기 넘치고 자신만만한 추사가 아니었습니다. 창암은 창암 나름대로의 글씨가 있고, 추사는 추사의 글씨가 있을 뿐이었습니다. 추사는 세월이 흐른 만큼 부드럽고 넉넉해졌습니다.

창암의 집에는 스승의 집을 지키고 있던 제자가 한 명 있었습니다. 추사는 그 제자에게 창암의 묘비문을 써 줬습니다.

"여기 한생을 글씨를 위해 살다간 어질고 위대한 서가(書家)가 누워 있으니, 후생들아, 감히 이 무덤을 훼손하지 말지어다."

창암의 묘소는 완주군 구이면 평촌리에 있습니다. 하지만 현재 그의 묘비 글씨는 추사가 쓴 것이 아닙니다. 이미 3년 전에 세운 묘비를 없애고, 추사의 글씨로 다시 세우기가 어려웠을 것입니다. 더욱이 창암 제자로서는 한때 스승을 욕되게 했던 추사가 마음에 썩 내키지도 않았을 것입니다.(이와는 반대의 이야기도 있습니다. 추사가 "내 일찍이 선생의 글씨가 중국까지 알려졌다고 들었소이다. 내가 여기까지 왔으니 선생의 글씨를 나에게도 한번 보여 주실 수 없겠소?"라며 창암에게 글씨를 청했고, 이에 창암이 글씨를 보여 주자 "과연 명불허전입니다. 듣던 대로 신필입니다"라고 찬사를 아끼지 않았다는 것입니다.)

창암은 '늦깎이 시골 예술가'입니다. 집에 돈이 없어 뒤늦게 글씨 공부를 시작했고, 독학으로 피나는 공부를 하다 보니 친구도 늦게야 사귀게 되었습니다. 물론 당연히 장가도 늦어질 수밖에 없었습니다. 사람들은 이런 그를 '삼만'이라고 불렀습니다. '세 가지가 늦은 사람'이라는 뜻입니다. 배움이 늦었고, 친구 사귀는 것과 장가가는 것도 늦었습니다.

삼만은 그의 이름만큼이나 서민적입니다. 어느 여름 전주 저잣거리에서 부채 장수가 꾸벅꾸벅 졸고 있었습니다. 부채가 잘 팔리지 않았던 것입니다. 이를 본 창암이 부채를 슬쩍 가져다가 거기에 달필의 글씨를 써 놓았습니다. 그러자 사람들이 너도나도 부채를 사가 순식간에 동이 나고 말았습니다. 또 한번은 한약방 주인의 부탁으로 한약 봉지에 약 이름을 써 줬는데, 그 글씨를 보고 청나라 상인이 창암의 글씨를 받으러 온 적도 있었습니다. 그만큼 창암은 틀이나 격식에 크게 얽매이지 않았습니다.

한마디로 창암은 참나무 같은 사람입니다. 참나무라는 이름의 나무는 원래 없습니다. 참나무는 갈참나무, 졸참나무, 굴참나무, 떡갈나무, 신갈나무, 상수리나무 등을 두루 아우르는 이름일 뿐입니다. 이 나무에선 모두 도토리가 열립니다. 도토리가 열리면 곧 참나무인 것입니다.

참나무는 이름부터가 소박합니다. 신갈나무와 떡갈나무는 잎이 두툼하고 넓적합니다. 그래서 옛날 나무꾼들은 신갈나무 잎을 짚신 깔창으로 썼습니다. 자연스럽게 이름도 신갈나무로 붙여졌습니다. 떡갈나무 잎은 떡을 싸는 데 썼습니다. 잎 속에 천연 방부제가 들어 있어서, 떡을 싸 놓으면 쉬지 않고 오래가기 때문입니다. 떡갈나무라는 이름도 여기에서 유래했습니다.

임진왜란 때 피란 갔던 선조 임금은 먹을 게 없자 도토리묵을 해 먹었습니다. 그런데 이 도토리묵이 정말 맛있었습니다. 선조는 나중에 대궐에 돌아와서까지 도토리묵을 찾았습니다. 사람들은 이때부터 '임금님 수라상에 올랐다' 해서 이 도토리가 열린 나무를 상수리나무라고 불렀습니다.

굴참나무는 껍질이 코르크처럼 푹신합니다. 굴신(탄력)이 뛰어납니다. 그래서 굴참나무입니다. 강원도에서는 이 나무의 껍질로 씌운 지붕을 굴피지붕이라고 합니다.

갈참나무 껍실은 노인 얼굴처럼 깊은 주름이 많습니다. 곧 '(서승)갈 참나무'인 것입니다. 졸참나무는 참나무 중에서 잎이 가장 작은 '졸병'입니다. 도토리도 작아 이래저래 졸(병)참나무가 됐습니다.

참나무는 겉으로는 볼품없지만 속이 꽉 찬 배추같이 단단합니다. 나뭇결도 곱습니다. 고급 가구를 만드는 데 으뜸 목재입니다. 그뿐인가요? 숯을 만들면 참숯이 되고, 장작으로 쓰면 그 화력이 코뿔소 콧김처럼 쿵쿵거립니다.

참나무는 튀지 않습니다. 있는 듯 없는 듯 묵묵히 서 있습니다.

이삼만이 쓴 천은사 보제루 현판 　　　　추사가 쓴 서울 봉은사 판전 현판

잎도 담담한 갈색으로 물듭니다. 기꺼이 다른 나뭇잎들이 돋보이도록 배경이 돼 줍니다. 불이 타오르는 듯한 붉은 단풍, 샛노란 은행잎들도 갈색의 참나무 잎을 만나야 비로소 빛이 납니다.

　창암은 결코 추사를 넘지 못합니다. 글씨는 물론이고 학문에서도 추사의 상대가 되지 못합니다. 하지만 그는 개꼬리 붓의 '막사발 같은 질감'을 알았습니다. 한지의 은은하게 스미는 멋을 누구보다도 살갑게 느끼고 있었습니다. 멋과 붓, 종이의 삼위일체를 추구했습니다. 전주 한지의 은은하고 소박한 질감을 가장 그윽하고 살뜰하게 표현했습니다. 당대 호사스러운 중국 수입 종이를 전혀 쓰지 않았을 뿐더러, 서민적인 붓으로 거칠지만 소박한 경지를 나타냈습니다.

　창암은 갈색 잎입니다. 추사는 붉은 단풍잎입니다. 샛노란 은

이삼만이 쓴 해남 대흥사 가허루 현판

행잎입니다. 창암의 지리산 천은사 '보제루(普濟樓)' 현판 글씨는 평범하다 못해 밋밋합니다. 추사가 죽기 사흘 전 쓴 서울 강남 봉은사 '판전(板殿)' 현판 글씨는 신기(神氣)가 넘쳐흐릅니다. 무섭습니다. 일흔하나 노인이 토해 낸 '꿈틀꿈틀 한 마리 시커먼 구렁이' 같습니다.

전남 해남 대흥사엔 추사와 창암의 글씨가 나란히 현판으로 걸려 있습니다. '무량수각(無量壽閣)'이 추사 글씨이고, '가허루(駕虛樓)'가 창암의 글씨입니다. 무량수각은 구불퉁구불퉁 추사의 악령 같은 힘이 요동치는 것 같습니다. 가허루는 단아하고 평범합니다. 하지만 보면 볼수록 친근하고 여지없는 전주 선비입니다.

그래도 난 창암이 좋습니다. 아버지 원수를 갚겠다고 독사를 잡아먹는 그 천진성이 좋습니다. 낙관을 고구마 도장으로 찍는

추사가 쓴 해남 대흥사 무량수각 현판

그의 소탈함에 눈물이 납니다. 열여섯이나 아래인 당대 천재 추사 앞에, 주뼛주뼛 자신의 글씨를 내보이는 칠순 노인의 부끄러움에 애잔한 진정성을 느낍니다. 누가 봐주지 않아도 홀로 피었다가 이름 없이 사라지는 들꽃 같습니다.

11
...

전봉준과 강증산

그 누가 알기나 하리

처음에는 우리 모두 이름 없는 들꽃이었더니

들꽃 중에서도 저 하늘 보기 두려워

그늘 깊은 땅속으로 젖은 발 내리고 싶어 하던

잔뿌리였더니

그대 떠나기 전에 우리는

목쉰 그대의 칼집도 찾아 주지 못하고

조선 호랑이처럼 모여 울어 주지도 못하였네

그보다도 더운 국밥 한 그릇 말아 주지 못하였네

못 다한 그 사랑 원망이라도 하듯

속절없이 눈발은 그치지 않고

한 자 세 치 눈 쌓이는 소리까지 들려오나니 (중략)

우리 성상(聖上) 계옵신 곳 가까이 가서

녹두알 같은 눈물 흘리며 한 목숨 타오르겠네

봉준(琫準)이 이 사람아

그대 갈 때 누군가 찍은 한 장 사진 속에서

기억하라고 타는 눈빛으로 건네던 말

오늘 나는 알겠네

— 안도현, 〈서울로 가는 전봉준〉에서

 "봉준이 이 사람아, 더운 국밥 한 그릇 못 말아 먹이고 보내다니…. 목이 메고 창자가 끊어지는 듯하이."

시인의 애절한 목소리가 금방이라도 귀에 들리는 듯합니다. 마음 따뜻한 혁명가 전봉준(1855~1895). 가마니 들것 위에 앉아 호송될 때조차도 당당하고 눈빛이 형형했던 조선 사내. 찬바람이 불면 녹두장군의 '붉은 마음'이 애틋하게 저려 옵니다. 한 치 앞도 안 보이는 깜깜한 시대. 희망이라고는 아무것도 없었던 구한말.

그는 저잣거리 낮은 땅에서 어떻게 살아야 옳은 삶인지 화두를 놓치지 않고, 눈 부릅뜬 채 세상을 바라보고 있었습니다. 그는 언제나 말이 없었습니다. 남의 묏자리를 잡아 주거나 동네 서당 훈장 노릇을 하면서 끼니를 꾸려 갔습니다. 말이 양반이지 보잘것없는 살림이었습니다. 하지만 조금도 기품을 잃지 않았습니다.

감정이나 시류에 전혀 흔들림이 없었습니다.

  강증산(1871~1909)은 전봉준의 열렬한 팬이었습니다. 그는 전봉준과 같은 고부 땅에서 살았습니다. 마음만 먹으면 한걸음에 달려가 만날 수 있었습니다. 둘 다 동학에 이해가 깊었고 생각에도 큰 차이가 없었습니다. '사람이 곧 하늘'이라는 큰 뜻에 조금도 이의가 없었습니다. 하지만 두 사람이 직접 만난 흔적은 어디에도 없습니다. 굳이 말하지 않아도 이심전심으로 통했던 것일까요? 나이는 전봉준이 열여섯 살 위였습니다.

  강증산도 양반이었지만 가난하기는 마찬가지였습니다. 어릴 때부터 남의집살이를 하거나 땔나무를 팔아 살았습니다. 처가에서 훈장 노릇을 하기도 했습니다.

  1894년 전봉준이 마침내 들떠 일어났습니다. 전봉준 나이 서른아홉. 하지만 피 끓는 스물셋의 강증산은 움직이지 않았습니다. 아니 오히려 전봉준의 무장투쟁에 드러내 놓고 반대했습니다. 물론 강증산도 이 썩은 세상을 바꿔야 한다는 생각은 같았습니다. 문제는 그 혁명의 끝이 무참한 죽음들로 가득하리라는 것이었습니다. 피로 물든 강산. 결국 불쌍한 백성들만 죽어날 판이었습니

압송되는 전봉준

다. 그런다고 해서 결코 세상이 바뀌는 것도 아니었습니다.

강증산은 '세상을 바꾸려면 땅과 하늘의 질서를 송두리째 뜯어고치는 수밖에 없다'고 생각했습니다. 여자들이 하늘같이 받들리는 세상, 버림받고 천대받던 모든 생명이 하늘같이 대접받는 세상, 벌레 한 마리, 풀잎 하나 삼라만상 모든 생명들이 서로서로 위하는 세상(相生), 바로 그런 후천개벽 세상을 꿈꿨습니다.

반봉건 반외세의 무장혁명을 꿈꿨던 전봉준. 우주 삼라만상의 후천개벽을 꿈꿨던 강증산. 강증산은 동학군들이 있는 곳을 찾아다니며 "겨울에 쫓겨서 죽을 것이다"라며 빨리 빠져나오라고 설득했습니다. 동학군 지휘부에는 "무고한 백성들을 죽음의 구렁텅

이로 빠뜨리지 말라"고 외쳤습니다. 어찌 보면 강증산은 갑오농민전쟁의 훼방꾼이었습니다. 강증산의 제자 중에는 실제 우금치 전투에서 빠져나온 이도 있고, 가다가 도중에 강증산의 설득으로 그만둔 이도 있습니다.

전봉준은 1895년 마흔의 나이로 그 핏빛 인생을 마감했습니다. 전봉준은 교수형에 앞서 마지막 시 한 수를 읊었습니다.

> 때를 만나서는 천지도 모두 힘을 합하더니
> 운이 가니 영웅도 스스로 어찌하지 못하는구나
> 백성 사랑하고 의를 세움에 나 잘못은 없었노라
> 나라 위하는 붉은 마음 누가 알아주리.

강증산도 1909년 서른여덟의 젊은 나이에 그가 평소에 늘 말한 대로 '질병으로 신음하는 이 땅의 모든 백성들을 위해 이 세상의 병마를 몽땅 짊어지고' 미륵의 세상으로 갔습니다. 그의 몸은 알 수 없는 수많은 병으로 진물이 나고 악취가 진동했지만 마지막 순간까지 태연했습니다. 그는 전봉준이 죽은 뒤 3년 동안

(1897~1899) 조선 천지를 떠돌아다니며 백성들의 신음소리를 눈으로 보고 확인했습니다. 그리고 서른(1901)에 모악산 대원사에서 큰 깨달음을 얻고 후천개벽의 세상에 대해서 역설했습니다. 전봉준에 대해서도 끊임없이 이야기했습니다.

"전봉준은 진실로 만고의 명장이다. 백의한사(白衣寒士)로 일어나서 능히 천하를 움직였다. 세상 사람들이 전봉준의 힘을 많이 입었나니 감히 그의 이름을 해하지 말라."

전주 용머리고개는 전봉준이나 강증산의 발길이 많이 닿았던 곳입니다. 전봉준은 1894년 4월 전주성을 점령할 때 용머리고개에서 일자진(일렬종대의 진법)을 치고 전주성을 공격했습니다. 감사 김문현 등은 이미 서문 밖 수천 채 민가에 불을 질러 잿더미로 만들어 놓고 도망친 뒤였습니다. 농민군들이 민가의 지붕을 타고 성안으로 들어올까 봐 아예 태워 버린 것입니다.

강증산은 용머리고개 주막에서 막걸리를 즐겨 마셨습니다. 용머리고개에 사는 신도들의 집에서 천지공사(증산교의 굿 의식)를 자주 행하기도 했습니다. 1907년엔 용머리고개 주막에서 "장차 서양 기운이 조선에 들어오리라, 조선 강토가 서양으로 둥둥 떠 넘

김제 동곡리(구릿골)에
강증산이 세운 동곡약방

어가는구나"라고 한탄하기도 하고 "이 고개를 몇 사람이나 넘을 수 있으리오. 서북은 살아날 사람이 없고 동남은 살아날 사람이 많으리라"며 6.25전쟁을 암시하기도 했습니다. 요즘 용머리고개 밖 삼천동에 막걸리 촌이 번성하는 것도 의미심장합니다.

녹두로 살래? 숙주로 살래? 최두석 시인은 다짜고짜 내 멱살을 잡고 물어옵니다. 녹두는 씨앗이고 꽃입니다. 숙주는 나물입니다. 어떻게 살래? 녹두장군이 '붉은 꽃'이라면 강증산은 '붉은 씨알'입니다. 그러나 신숙주는 그저 나물같이 한 세상 살다 간 사람입니다.

조선시대 앞머리와
뒤꼭지에 나타났던 두 사람이
담백하게 감칠 맛 나는 나물이 되어
밥상에서 만난다

만날 인연이 없는

전혀 딴판의 생애를 살았던 두 인물이
어느 우연한 산길도 아니고
반찬 접시 위에서 만난다

만나서 은근히 묻는다 / 시세에 부응하는 것과
온몸으로 부딪치며 사랑하는 일이
얼마나 다르냐고

재주와 식견을 팔아 / 글을 짓는 것과
민요와 시의 주인공으로 사는 삶이
어떻게 다르냐고

그들은 들판에서는
도무지 만나지 않는다
녹두는 씨앗이요 꽃이기도 하지만
숙주는 다만 나물일 뿐이므로

— 최두석, 〈녹두와 숙주〉 전문

12

영락없는 전주 사람
'벌교 선비 한창기'

많이들 바쁜가 본디 어서 싸게들 가보쇼 나는 그냥저냥 가는 둥 마는 둥 갈라요 장다리 밭에 노닐며 장다리꽃 따먹다 아지랑이 어질어질 나비 따라 가다가 뒷동산에 올라 삐비도 뽑아 먹고 송홧가루 얼굴에 분칠도 하고 아카시아 훑어 먹다 들에 내려 자운영 다북숲 논두렁에 앉아 꼴린 보릿대 꺾어 보리피리 만들어 삘리리 불며 놀다 갈라요 그렇게 노닐다 싸목싸목 갈텡게 빨리 오라 늦게 온다 궁시렁들 마쇼. 이리 가도 결국은 가는 길인디 머 헐라고 그리 바쁘게 종종거린다요 그래도 먼저 가신 곳 북적거리거든 내 자리도 하나 봐 줬으면 쓰겄소.

꽃상여 단풍 든 산 넘어 가네
산 너머 눈 쌓인 산마을에 닿거든
지친 몸 거기 퍼지게 누웠다가
한 바람 눈발에 어디든 휘날리리

― 박찬, 〈인생아!〉 전문

오매! 큰일나 부렀네. 쩌그 봄이 슬금슬금 기어 오고 있는디, 몸은 천근만근 녹작지근 꼼짝헐 수 없으니! 어쩐대여~? 일이 이렇게 되어 번졌으니, 그냥장 으멍허게 꼬순 봄한티 무장해제 당허고 몸을 맽겨 부러야제.

어와, 시상 벗님네들, 이내 말 쪼깨 들어 보소. 인간 한생 질게 잡어 구십까정 산다 혀도, 밥 먹고 똥 싸는 시간, 잠자고 아픈 시간, 걱정근심으로 얼굴 우둥거려 붙이는 시간, 모다 지허고 나먼 단 이십도 못 사는 거신디, 아차 한번 죽어지먼 북망산천 흙이 되어 버링게. 봄 놈이 왔다지만 세상사 어찌 쓸쓸허지 않겄소. 나도 어저끄 푸른 청춘이러니, 인자 보니 머리에 백설이 퍼얼~펄 날리고 있소 그려!

그렁게 벗님네딜! 못난 넘덜끼리 서로 무르팍 끼대고 앉어, 한 잔 더 먹소, 또 한 잔 더 먹소 함시롱, 거드렁거림서, 낄낄 히히 찧고 까부름서, 그렇코롬 한번 살아 봅시다. 아따 쩌그 저 완산떡, 왜 그리 서댄대여! 머시라고? 물게똥 나올라고 혀서 찌깐 간다고? 어쩐지 걷는 것이 꼭 싸이렌인지 경보선수 같더랑게. 어그적저그적 뒤뚱우뚱 뿌그적뽀그적 딱 몸퉁퉁헌 오리 여편네여. 썩을 녀려 인사, 머슬 그렇게 해장부터 허천나게 처먹었대여! 어디 놀보 마누래가 따로 있간디?

피런허고, 어느 시러배 자식이 밸시런 사기 구라를 다 쳐도, 한생 싸목싸목 해찰혀 감서 찰지게 살다간 넘은, 쩌그 전라도 아랫녘 벌교 땅 한창기(1936~1997)라는 넘이여!

원스 어펀 어 타임, 그렇게 옛날부터 전라도 땅에 놀기 좋아허는 넘들 수두룩박적이지만 그 화상만큼 아금박시럽고, 오달지고, 깨끔허고, 궁상이나 근천 안 떨고, 깔미짠허고 으지짠허게 놀지 않고, 삐까뻔쩍 티 안내고, 은근슬쩍 삼베 빤스 방귀 새듯 놀다간 넘은 없어야.

이 시상 대합·홍합에 무신 백합·죽합·피조개까지 밸시런 조갑지가 다 있지만, 그중 동지섣달 벌교뻘 꼬막이 최고여라. 한창기는 그중에서도 등껍딱이 꺼무티티헌 참꼬막이여. 쫄깃쫄깃 입에 쩍 달라붙고, 상큼 향긋헌 바다 냄새며, 파도 소리 끄득헌 그 참꼬막 말이여!

한창기는 허우대도 헌칠허니 잘났고, 머리도 쌈빡허고, 핵교도 서울 법대 나온 먹물 중의 먹물인디, 출세니 머니 그런 디는 통 관심이 없었어야.

　무신, 눈 비스듬히 치켜뜨고 본다는 사시 판검사나, 두 눈 짱짜라니 뜨고 본다는 행시 군수님이나, 눈이 쩌그 바다 건너 바깥만 쏘아본다는 외시 대사님 공부 같은 것은 생전 구다 본 적도 없응게. 서울 법대 댕길쩌그 남덜은 판검사 공부허느라 눈에 호랭이 불 켜고 있는디, 이 쪼다는 서울 북촌 이 고샅 저 고샅 어슬렁거림서, 곱게 늙은 한옥에 넋이 빠져, 하루점드락, 배창시 꼬르륵거리는 소리도 몰랐당게, 참말로 거시기 안 형가 이~잉?

　돈, 밥 안 되는 한글 · 한복 · 한지 · 한옥 · 한식 · 판소리 이런 것들만 끼대고 살았으니 미쳐도 한참 미쳤지. 사람덜이 거들떠보지 않는 하찮고 허섭스레기 같은 것들만 좋아혔응게. 신식 옷감에 싸게맞은 무명 · 삼베 · 모시 · 명주 이런 피륙덜을 장똘뱅이처럼 온 사방 돌아댕김서 보는 족족 사들였응게. 피런허고, 지 소개하는 종오때기 취미란에 '한글'이라고 써넣었을 거시여. 70년대에 벌써 '통인가게'니 '이가솜씨'니 하는 전빵 이름도 지어 줬당게로, 참말로 멋을 알기는 아는 냥반이여. 음식으로 말허먼 개미가 겁나게 있는 선달이여.

어쩌다 돈 좀 생기면 판소리 전집, 민요 음반 맹근다고 난리 부르스 치고, 또 찻그릇, 옹기에 조선 밥그릇 반상기 맹근다고 콧바람 불고 댕깅게로, 잡지 《뿌랑구 짚은 낭구》 팔아서 쪼깨 남은 돈마저 어디 남아나겄어? "먼 일을 한번 헐라면 돈을 낙엽처럼 태울 줄 알아야 헌다"고 소처럼 흐흐 웃었다던가.

참 밸시런 사람이여. 쪼깐헐 때 하도 잘 울고 띵깡을 잘 부려서 '앵보', '괴보'라고 혔디야. 그려서 나중에 잡지 《뿌랑구 짚은 낭구》에 글 쓸 때 지 이름 석 자를 '한앵보'라고 혔다등마. 초등핵교 때 좌측통행 허라고 혔더니 논두렁에서도 외약 쪽으로만 갔다니 쪼깐헐 때부터 알아봤지.

겁은 또 얼매나 많았간디. 한번은 차를 몰고 나갔다가 서울 종로에서 사고를 냈는디, 곧바로 뒤도 안 돌아보고 지발로 면허찡 반납허고, 두 번 다시 운전대 안 잡았대여. 얼매나 가슴 쩔렸으면 그렸겄어. 그러찮어도 쪼깐헌 간뎅이가, 그 일로 무쇠솥의 깐밥 달라붙은 것 같이 오그라 붙어 버렸을 턴디 어쩌케 차를 몰 거시여. 전두환 장군 때 《뿌랑구 짚은 낭구》 글 땜시 당국서 사장 들어오라고 눈 부라리먼, 얼른 일본 출장 간다, 어디 간다, 삼십육계

줄행랑 쳐 버렸대여. 대신 편집장이나 부사장이 들어가서 경을 쳤겄지. 박정희 때 두 번 남산 하얀방에 불려갔다 온 뒤로는, 무조건 걸음아 날 살려라, 내빼고 본다등마. 크크크.

근디 도대체 아름다운 것이 머시대여? 한창기는 아름다운 것만 보면, 온몸이 사시나무 떨디끼 부르르 떨려 버리는 병적인 사람이여. 온몸이 나팔꽃처럼 활짝 열린 디지털 자동 캐넌 카메라여. 순천 송광사 해우소 한글 팻말 '뒷간'이 너무 멋있다고, 스님덜 한티 억지로 떼써서 띠어 온 사람잉게.

덕지덕지 회장발로 처발러 놓은 것덜 보면 화를 불같이 내고 펄쩍펄쩍 뛰었대여. 흰색 칠 건물을 보면 "저것이 무슨 흰색이여"라며 치를 떨었대여. 차라리 시멘트 벽 그대로 놔두랑 거여. 그거이 헐씬 자연스럽고 아름답다는 거지 이~잉? 눈썰미가 타고나 부렀어. 다른 사람보다 천배 만배 아니 차원이 아예 다른 화상이여.

"푸른 하늘은 싫고, 흰 하늘이 좋아." "화사하고 야한 장미꽃은 싫어, 모란·작약·매화·수선화·불두화·능소화·마삭줄 같은 수수하고 수줍은 꽃이 좋아." "고무풍선에 바람이 꽉 차기 직전, 위에서 살짝 누르면 생기는 둥근 선을 그려 내 봐." "항아리 볼륨같이 잘생긴 엉덩이 선을 한번 만들어 봐." "한글은 낱말 덩어리로 읽히니 낱말 사이는 넓게 하고, 글자 사이는 좁게 해라." "한글은 빨랫줄에 걸려 있는 빨래나 같다. 중성을 기준선으로 받침 없는 글자는 위쪽에만 널려 있어야 한다."

한창기는 늘 눈금자를 가지고 댕긴 사람이여! 무신 사장이, 마침표 점이 1밀리미터 어긋나게 찍혔다고 고래고래 고함친대여! 오자 났다고 "총살시켜 버리겠다"고 헌대여. 아무리 작은 거라도, 기가 막히고 코가 막히게 콕콕 찝어낸 천하의 좁쌀이여, 좁쌀! 징혀 부러. 증말 엔간히야지 원.

근디 이 좁쌀이 말 한번 삐끗 어긋장나면 닭 모가지 채 가던 시절인 1978년에 "차라리 양담배를 수입하라"고 허고, 전두환 눈 부라리던 1980년에 "미군은 어서 용산에서 물러가라"고 하더니, 1983년엔 "양심 병역 거부자 일리 있다"고 왜장쳐 버렸단 말이여. 허기사 그 한참 전에 "혀끝과 붓끝이 같아야 허는디 왜 (전두환)대통령 각하라고 부르냐"며 딴지 걸 때 알아봤어야 허는 거신디. 기양 '~님' 자만 붙이면 되는 거신디, 먼 넘의 자다가 봉창 뚜디리는 각하냐 이거시지 이~잉?

서울 성북동에 지 한옥 지을 때, 전국 발품 팔어 조선 마지막 궁중 목수를 찾어낸 것도 징헌디. 그 목수 나이 너무 자셔, 하루 일 허고 사흘 쉬어야 허는 처지, 그려도 제대로 지어야 헌다고, 그 어르신 몸 추스르게 혀서 5년 만에 지어 내니, 오매 징허고 징헌 인사. 분틀이 맴에 안 든다고 아홉 빈인가 직파히고 세 칠로 맹글라고 헝게, 천하의 그 궁중 목수도 나자빠져 버렸다는, 아주 꾀까다롭고 시시콜콜 까탈스런 화상. 잡지 《뿌랑구~》 '뿌'의 'ᅮ' 아래 획을 작대기로 하느냐, 아니면 둥근 점으로 하느냐 고민허느라, 몇 날 밤을 새웠다는 천하의 귀여운 좁쌀이.

70년대 대학 댕길 때, 공짜 '판소리 감상회'에 가끔 가 보면, 어쩌다 그 좁쌀이 한복 날아갈 듯 차려입고, 뒤에 퍽주거니 앉어, 외양간 늙은 암소같이 웃고 있도만. 허 참, 머가 그렇게 부끄런지 생전 "어, 돟타" 허는 추임새 넣는 것 못 봤어. 언진가 북 치는 김명

환 고수가 "발행인도 소락떼기 한번 꽉 질러 보쇼" 헝게, 이 화상 얼굴이 금방 저녁노을 붉은 홍시 돼 버리도만. 크크크.

한창기는 61년을 이승에서 놀다 갔는디, 혼인허지 않고 혼자 살어 부렀어. "이 시상엔 여자보다 재미있는 게 너무너무 많아서"라던가. "한 아낙이 원하는 남편으로서 살 자신이 없어서"라던가. 니기미, 말은 참말로 잘혀 부리네. 허지만 후사는 1남 1녀《뿌랑구 짚은 낭구》,《시암이 짚은 물》을 두었응게 그만허면 되아 부렸제.

찰지고 맛나고 옴팡지게 살다간 전라도 쌩얼. 티 안 내면서 백년 앞을 내다본 옹골진 건달. 한글 · 한복 · 한지 · 한옥 · 한식 · 판소리를 허벌나게 좋아헌 소리광대, 그래서 웃녘 전주 이미지와 징허게 도싱헌 아랫녘 비개비. 한글 가로쓰기, 구어체 광고 카피, 한글 입말체로 먹물들 시상에 쌍표창을 날려 버린 통쾌 유쾌 상쾌 허고, 깜찍 발랄 발칙헌 도발꾼.

허 참! 그렇게 해찰해 가면서 재미나게 살았으면 좀 오래 놀다 갈 것이지. 그 새를 못 참어 그리 바삐 가 버렸당가! 이승은 하품 나게 심심헝게, 저승으로 혼차 재미난 것 찾어 횡! 허니 떠나 버렸당가! 테레비 때 안 탄 깡촌 까막눈 노인덜 구석구석 찾아내,

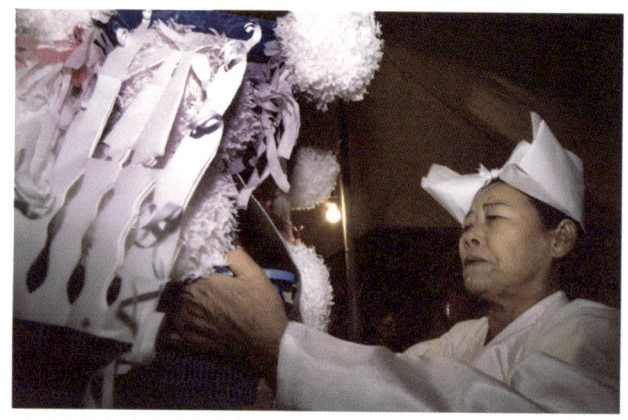
인간문화재 김대례 선생의 한창기 선생 장례식 씻김굿 장면

그 토박이말 베껴 '민중자서전' 맹글더니, 그 어르신덜 보러 얼릉 가 버렸당가? 이~잉?

저승 감서까지 "뫼똥 크게 허지 마라." "지붕 없는 작은 조선 비석에 이름허고 생년월일, 죽은 날만 써라." 시시콜콜 꼭 원고 고치드끼 그렇게 징허게 교정 보고 가야 쓰겄는가?

머리카락에 홈을 파듯 글을 쓴 완벽쟁이, 바늘로 시암을 파듯, 한 땀 한 땀 따져 보고, 시도 때도 없이 눈금자를 들이댔던 왕좁쌀. 낄낄낄, 돈과 명예, 권력 따위를 낙엽처럼 태워 버린 전라도 개땅 쇠, 천하광대, 조선 솔낭구, '오래된 미래' 짱구머리 도치 냥반.

| 쪼깨 더 하고자픈 말 |

한창기는 영어 도사입니다. 순천중과 광주고 시절 단파라디오에서 나오는 '미국의 소리'를 들으며 익혔습니다. 가난으로 영어 가

정교사를 밥 먹듯 하다 보니 '삼위일체' 책이 저절로 외워졌습니다. 서울 법대를 졸업하자마자 미군들을 상대로 영어 성경책을 팔았습니다. 내심 영어 공부를 하려 했던 것입니다. 마침내 그는 영어를 무기로 브리태니커 백과사전 한국 세일즈맨으로 나섰고, 결국 한국 브리태니커 사장이 됐습니다. 당시 브리태니커 한 세트 값은 피아노 한 대 값보다 더 비쌌습니다. 하지만 한창기에게 한번 걸리기만 하면, 안 사고는 못 배겼습니다. 오늘날 한국의 세일즈 영웅들 중에 한창기 밑에서 배운 이들이 수두룩한 연유입니다. 한창기는 미국 본사에 의뭉하니 '구라'도 잘 쳤습니다. '미국 상품만 팔면 한국에서 반미운동이 일어날지 모른다'고 편지질을 해 댔습니다. '한국 문화에 기여하는 무슨 일인가 해야 한다'고 끈질기게 설득했습니다. 그리고 마침내 본사로부터 실탄(돈)을 타내 《뿌리 깊은 나무》를 만들었습니다. 한창기가 드디어 날개를 단 것입니다. 이때부터 한창기 앞에는 거칠 것이 없었습니다. 한 판 걸판지게 노는 일만 남았습니다. 그는 그렇게 원 없이 노닐다가 1997년 2월 3일 홀연히 이 느자구 없는 지구를 탈출해, 저 광활한 우주 속으로 사라져 버렸습니다.

13
...

이창호는 전주다!

'바둑 천재' 이창호는 말이 없습니다. 뚱한 얼굴에 언제나 꼭 다문 입술. 위아래가 맞닿은 두 입술은 영락없이 '나비 두 마리가 꽃잎에 살짝 앉아 있는' 모습입니다. 가끔 입술을 지그시 오므릴 때는, 졸음에 겨운 나비가 날개를 한 번 살짝 접었다 펴는 듯합니다. 약간 두 눈을 내리깔며 멈칫멈칫 뭔가 웅얼거릴 때는 더욱 그렇습니다.

1975년 7월 29일생. 올해 나이 서른다섯. 10대 소년 때나 지금이나 결코 흥분하는 법이 없습니다. 타이틀을 따낸 후 인터뷰할 때도 덤덤하기 그지없습니다. 한 번쯤 자기 자랑을 할 만한데도 기어들어가는 모기 소리로 한두 마디 하고는 그만입니다. 싱겁기 짝이 없습니다. 말 그대로 '돌부처'입니다.

이창호는 '신산(神算)'입니다. 바둑 끝내기에서 '천하제일'입니다. 그것도 꼭 반집만 이길 때가 많았습니다. 상대는 처음엔 반집 패배에 땅을 칩니다. 하지만 그것이 이창호의 치밀한 계산에 의한 것이라는 사실을 알고 나서는 반쯤 넋이 나갑니다.

그는 악어 같습니다. 초반이나 중반까진 눈을 반쯤 감은 채 죽은 듯 움직이지 않습니다. 그러다 어느 순간 '찬스다' 싶으면 번

개처럼 낚아챕니다. 그래서 또 다른 별명이 '강태공'입니다. 오죽하면 중국 소림사에서 "새로 만든 대웅전에 석불(石佛 - 돌부처 이창호)을 초빙하고 싶다"고 했을까요. 얼마나 그 벽이 컸으면 "이창호가 늙기를 기다리는 수밖에 없다"고 한탄했을까요.

이창호는 1989년 14세 때 KBS바둑왕전에서 우승해 세계 최연소 타이틀 홀더의 기록을 세웠습니다. 1992년 17세 때는 동양증권배를 차지해 세계를 제패했습니다. 그런데도 늘 자신을 낮췄습니다. 단 한 번도 잘난 척하지 않았습니다. 어느 모임에서나 있는지 없는지 모를 정도로 조용합니다. 선후배 누구라도 바둑에 대해서 물어보면 선선히 바둑판에 돌을 놓아 보는 것으로 자신의 의견을 표시합니다.

천재는 '생각하는 방법' 자체가 일반인과 그 차원이 다릅니다. 영재는 백 점 만점을 맞을 수 있지만 거기까지가 한계입니다. 천재는 백 점을 넘어 천 점, 만 점…, 끝이 없습니다. 천재는 기존 틀을 깨는 '창조적 파괴자'이기 때문입니다. 하지만 머리만 반짝인다고 다 천재가 되는 것은 아닙니다. 천재는 집중력입니다. 뚝심과 끈기입니다. 엄청난 노력이 없으면 결코 천재가 될 수 없습니다.

 중국의 프로 바둑기사 마샤오춘(馬曉春) 9단은 언젠가 이런 말을 했습니다. "오늘날 세계 바둑계엔 두 사람의 천재가 있다. 그 한 사람은 바로 나이고 다른 한 사람은 한국의 이세돌이다. 그런데 세상에선 우리 둘을 비정상으로 본다. 이전에 모두 한국의 이창호를 주시했는데 사실 이창호가 무슨 연구할 게 있는가. 그는 변화가 없는 것으로 모든 변화에 대응한다. 그는 늘 싸우지 않고 이기려 한다. 그러나 이세돌은 다르다."

 바로 이것이 마샤오춘이 천재가 되지 못하는 이유입니다. 마샤오춘은 그때까지 이창호에게 5승 26패로 참패를 당하고 있었습니다. 마샤오춘은 바둑을 '전투 게임'으로 잘못 알고 있습니다. 바둑은 정중동(靜中動)의 게임입니다. 고요함 속에서 움직임을 추구합니다. 이창호는 많은 정석을 재해석해 현대 바둑을 재창조했습니다. '보이지 않는 것에 대한 계산'이라는 개념을 처음 만들어 냈습니다. 그의 평범한 듯한 '무심한 바둑'이야말로 수천수만 가지의 변화를 일으켰습니다.

이창호는 뭐라 했을까요? 그는 "마샤오춘이 참 재미있는 사람이라는 생각이 든다. 일리가 있는 이야기다"라고 말했습니다. 그리고 곧이어 작은 소리로 "그러나 천재가 꼭 좋은가…"라며 말꼬리를 흐렸습니다.

이창호는 2002년, 프로 기사가 된 지 16년 만에 1천 승을 달성했습니다. 그만큼 실전 경험이 많습니다. 거친 강호에서 피비린내 나는 싸움 끝에 '지존'의 자리에 우뚝 선 것입니다. 이창호는 스무 살 때 "바둑은 하나의 긴 여정이라고 생각한다. 끝없이 먼 길을 가는 것이다. 느긋한 마음으로 대국에 임하는 것이 좋다"고 말했습니다. 그러면서 자물쇠 수비와 끝없는 기다림 그리고 완벽한 마무리로 세계를 제패했습니다.

이창호는 이미 한국 바둑을 한 차원 끌어올렸습니다. 전투력은 강하지만 끝내기가 약했던 한국 바둑을 세계 최강으로 만들었습니다. 그가 있음으로써 그를 딛고 일어서려는 수많은 후배들이 줄을 이었습니다. 이제 '이창호식 끝내기'는 한국뿐만 아니라 세계 바둑계에서도 잘 통하지 않습니다. 누구나 할 줄 아는 기본 정석이 됐기 때문입니다. 요즘 이창호의 성적이 옛날 같지 않은 이유 중 하나입니다.

물론 이창호도 바뀌고 있습니다. 스물다섯 살 때인 2000년부터 기풍이 사나워지기 시작했습니다. 초반부터 전투를 마다하지 않고, 한두 집 유리한 형세도 오히려 강경하게 밀어붙여 불계승을 거둡니다. 그러다가 어처구니없게도 대마가 잡히며 초반에 무너지고, 평범한 수를 착각하여 판을 망치기도 합니다. '세계 최고의 수비수'에서 '세계 최고의 공격수'를 향해 치열한 전투 바둑으로 변신하고 있습니다. 아웃파이터에서 인파이터로 바뀌고 있는 것입니다. 성적이 옛날만큼 좋을 리 없습니다. 수많은 팬들은 이를 안타까워하며 때로는 질책을 퍼부었습니다. 언론에서는 "이창호가 바둑에 흥미를 잃어 가는 것 같다"고 꼬집기도 했습니다. 하지만 이창호는 묵묵히 무소의 뿔처럼 앞만 보고 갈 뿐, 아무런 말이 없습니다.

그는 부끄러움이 많습니다. 어디 나서기를 몹시 꺼려합니다. 신기한 것을 봐도 무덤덤합니다. 느끼한 음식이나 비행기 타는 것도 끔찍하게 싫어합니다. 목이 갑갑하다고 넥타이를 거의 매지 않습니다. 이겨도 기뻐하는 내색이 전혀 없습니다. 졌을 때도 단 한마디의 변명도 하지 않습니다.

아마추어들의 즉석 대국 요청도 묵묵히 받아들입니다. 바둑이 끝나면 청소원들과 함께 몸을 굽혀 바닥에 떨어진 바둑알을 줍습니다. 중국 신예 기사들이 복기 요청을 하면 꾸벅꾸벅 졸면서까지 최선을 다해 기꺼이 응합니다. 한번 내뱉은 말은 그것이 아무리 사소한 것일지라도 반드시 지킵니다. 그는 바둑 대국 일정을 짜는 한국 기원의 말단 직원들에게조차 단 한 번도 "아니요"라고 말한 석이 없습니다. 화를 내거나 얼굴을 붉히는 일도 없습니다.

그는 친절과 겸손, 공손함 그리고 상대에 대한 배려와 존중이 몸에 배었습니다. 그의 공손함에는 과장이 하나도 없습니다. 소박하면서도 웅숭깊습니다.

전주 사람들은 속이 깊습니다. 하지만 숫기가 없습니다. 속은 찰지지만 겉은 무뚝뚝합니다. 말꼬리도 끝이 뭉툭해 언뜻 들으면 퉁명스럽기조차 합니다. 의사표시도 애매모호합니다. 한다는 것인지 안 한다는 것인지, 좋다는 것인지 싫다는 것인지…. 도대체, 이거 원! 듣는 사람은 속이 터집니다. 애가 탑니다.

이창호를 보면 전주 사람들을 단번에 알 수 있습니다. 그가 바로 전형적인 전주 사람이기 때문입니다. 거꾸로 전주 사람들은 이창호가 아무리 알 듯 모를 듯한 말을 하더라도 단박에 그 뜻을 헤아립니다. 그냥 가슴으로 느낍니다.

이창호는 바둑도 바둑이지만 인격적으로도 훌륭합니다. 중국 사람들이 그를 살아 있는 '바둑의 신'처럼 떠받드는 것도 바로 그런 이유입니다. 늘 스스로를 낮춰 남을 배려하고 존중하는 마음. 전주는 몰라도 이창호를 모르는 중국인은 거의 없습니다. 그가 나타나면 온 대륙이 열광합니다. 그의 소박하고 공손한 모습에 아낌없는 박수를 보냅니다.

요즘 전주에 '까시럽고 밸시런' 사람들이 하나둘 늘고 있습니다. '쩛고, 까불고, 싸가지 없는' 사람들이 여기저기 눈에 띄고 있습니다.

이 주리를 틀어도 시원찮을 세상. 눈 감으면 코뿐만 아니라 귀까지 베어 가는 황음무도한 강호 세계. 전주 사람들만은 모두 이창호 같았으면 참 좋겠습니다.

14
...

'역사의 지문'
태조 이성계의 얼굴

 축구 경기를 보면 피가 끓습니다. 가슴 저 밑바닥에서 그 무언가가 불끈 치밀어 오릅니다.

축구공은 하나의 먹잇감입니다. 22명의 선수들은 그 먹잇감을 쫓아 필사적으로 내달립니다. 공은 토끼가 되었다가, 금세 사슴이 됩니다. 한순간 곰이 되었다가, 어느새 호랑이로 변합니다. 공은 바람입니다. 도무지 종잡을 수 없습니다. 선수들은 토끼몰이 진형을 취했다가, 금세 사슴 사냥 대형으로 바꿉니다. 처음엔 곰 덫을 놓았다가, 한순간 재빨리 '호랑이 허방'을 팝니다.

관중들은 성난 늑대처럼 고래고래 소리치며 발을 구릅니다. 먹잇감이 날뛰면 날뛸수록 사람들은 더욱더 미친 듯이 소리칩니다.

그렇습니다. 축구에는 '원시의 광기'가 숨어 있습니다. 그것이 사람을 미치게 합니다. 현대인은 먼 조상들이 가졌던 '원시 DNA'를 찾아 축구장에 갑니다. 거기서 '늑대의 울음소리'를 듣습니다. '야성의 숲 냄새'에 취해 눈물을 흘립니다. 발을 구르고 고래고래 소리를 지릅니다. 뭔가 '확!' 저지르고 싶은 욕망을 토악질하듯 게워 냅니다.

'땅 끝 동네' 해남에 가면 윤선도 선생(1587~1671)이 살았던 집

전주 경기전에 있는
이성계 초상화(위)와
고종 초상화

이 있습니다. 녹우당(綠雨堂)! 이름도 참 멋들어집니다. '늦봄과 초여름 사이에 다디단 꽃비 내리는 곳'이라니!

하지만 난 그 빼어난 경치보다 다른 것에 더 감동을 먹습니다. 갈 때마다 '핏줄의 무서움'에 몸을 부르르 떱니다. 윤선도 선생의 증손자 윤두서(1668~1715)의 자화상(국보 20호) 때문입니다. 부리부리한 눈에 사람의 가슴을 찌르는 듯한 눈빛. 조선 선비의 당당한 기개가 서릿발처럼 서려 있습니다. 문제는 그 윤두서 할아버지의 얼굴과 지금 그 집을 지키고 있는 종손 윤형식 씨가 빼닮았다는 것입니다. 3백 년이 넘었는데도 어찌 그리 흡사한지 '그 할아버지에 그 종손'입니다. 다른 게 있다면 종손의 눈이 좀 더 부드럽다고나 할까요?

전주 경기전엔 조선 태조 이성계(1335~1408)의 초상화가 있습니다. 그리고 마지막 왕 고종(1852~1919)의 얼굴도 볼 수 있습니다. 5백여 년이나 거리가 있지만 그 두 임금의 얼굴은 놀랄 만큼 닮았습니다. 나비가 날개를 접은 것 같은, 뒤쪽으로 잔뜩 젖혀져 귓바퀴가 잘 보이지 않는 긴 귀가 그렇습니다. 턱이 크게 각지지 않고 비교적 완만한 것도 마찬가지입니다. 작고 동글동글한 눈과 작은 머리통도 영락없습니다.

　무섭습니다. 등줄기에 식은땀이 흐릅니다. 역사란 이렇게 소리 없이 이어집니다. 경기전에 있는 또 다른 임금들, 세종·영조·정조·철종 등의 얼굴도 비슷합니다. 그 임금들의 표정에 조선 5백 년 역사가 오롯이 녹아 있습니다. 태조의 풍채는 당당합니다. 어깨선도 기역 자입니다. 하지만 아래 임금으로 내려갈수록 몸매가 작아지고 어깨선도 부드러워집니다. 고종은 아예 어깨가 푹 처지고 몸도 어딘가 한쪽이 꺼진 것 같은 느낌입니다. 태조의 형형했던 눈빛은 영징조의 눈매에서 잠깐 빛을 발하다가 고종 때는 완전히 풀려 버립니다. 다른 자료에서 보면, 고종의 아버지 대원군의 눈은 크고 초롱초롱하기만 합니다.

　현대 축구는 갈수록 서로 닮아 갑니다. 브라질은 유럽을 닮아가고, 유럽은 브라질을 벤치마킹하기에 바쁩니다. 이른바 축구의 세계화입니다. 이제 '압박'과 '속도'는 기본입니다. 하지만 아무리 닮아 가도 '혼(얼)'까지 베낄 수는 없습니다. 얼이 빠지면 승부는 하나마나입니다. 네덜란드 감독들이 네 명이나 한국 축구를 맡아 지휘했지만 토털 축구의 알갱이는 아직까지 흉내 수준

전주 경기전

입니다.

　대한민국은 서울 공화국입니다. 어딜 가나 비슷비슷합니다. 전주라고 하나도 다를 것 없습니다. 모텔이 있고, 찜질방이 있고, 토종닭 집과 매운탕 집, 각진 건물들이 삐죽삐죽 창날을 세우고 있습니다. 답답합니다. 숨이 턱턱 막힙니다. 마치 비행기 이코노미 석에 앉아 유럽이라도 가는 것 같습니다. '앞으로 나란히' 자세로

묶여 있는 '게 꾸러미'가 따로 없습니다. 팔다리를 몸에 딱 붙인 채 눈만 껌뻑껌뻑…, 그만 진저리를 칩니다.

> 고층 아파트 화장실에
> 일렬종대로 앉아 있는 사람들
> 퇴적물처럼 켜켜로 쌓여 있는
> 사람 위에 사람
> 사람 밑에 사람
> 스톱 모션 스위치를 누르면
> 딱딱하게 굳어 버릴
> 현생대의 화석
>
> — 김혜수, 〈404호 · 3〉에서

전주의 DNA는 지금 어쩌면 경기전에서 하얗게 먼지를 쓰고 있는지도 모릅니다. 조선 임금들의 얼굴은 '현생대의 화석'이 아닙니다. 결코 '굳어 버린 똥'이 아닙니다. 그것은 지금 진행되고 있는 전주의 역사입니다. 하루빨리 재해석되고, 분석되어야 하는 이유입니다. 건물 몇 채 더 짓기 위해 아등바등하는 것은 '고층 아파트에서 켜켜로 똥 누는 일'입니다. 전주는 사람입니다. 전주 사람들의 줄기세포가 전주를 만듭니다. '짝퉁'은 결코 '원조'를 이길 수 없습니다. '남 따라 하기'는 얼빠진 짓일 뿐입니다.

15
...

사람언 홍어 속 같이
좀 썩어야 꽃이 되는디…

우리 처녀 시절에는 스물 먹은 가시내도 서방 생각 어림짝 꿈도 못 꿨는디. 요새 것들 얼랠래 기가 맥혀! 코가 맥혀! 열대엿도 안 된 것덜이 젖통이가 똥도도름 장기궁짝 되어 가고, 궁뎅이는 너부데데 소쿠리 엎어 논 듯, 봉숭아꽃 벌어지먼 머리 글고 딴홰내고, 뒷동산에 두견 울면 쯧쯧쯧 지랄! 지랄! 눈꼴셔 못 보겄네! 쬐간헌 것덜이 땅 꺼져라 한숨 쉬고, 전장 나간 서방 지둘리듯 잠 못 자며 훌쩍훌쩍…. 에라, 이 썩을 년들 오살할 년들 호랭이가 열두 번 차갈 년들 발가락을 짝짝 찢어….

– 판소리 〈춘향전〉 월매 푸념 부분

"가실 됭게 몸이 걍 찌뿌등허고, 맴도 영 시뿌장시럽고만 이잉~. 달밤에넌 정지 살강 밑으서 귀뚜리가 '귀뚤어, 귀뚤어' 얼매나 울어 쌓는지…. 참 밸일이여~. 사람이 영 깔밑짠허다 봉게 칠십 넘어, 먼 넘으 어매 앞지랑 생각이 다 나는지 몰러. 어릴 쩌그 까끔살이 허던 것, 뙤똥 우그 때짱에 삐비꽃 흐옇게 핀 것, 뙤창 밖으 실비 오대끼 어둑어둑 실실 땅끔 내리는 것, 비 싸게 올 때 툇마루 끝으 똘똘 또로록 짚시랑 물 떨어지

는 것…. 참 거시기허고 머시기혀! 이번 내 시상은 암만혀도 베려 버린 것 같으고…. 다음 시상은 올랑가 안 올랑가…."

"하도 남의 말 안 듣는 시상인게 귀뚜리도 '귀뚤어, 귀뚤어' 허는 갑만. 저 미물덜이 사람덜보다 훨씬 나슬 거시여. 제비 새끼가 머라고 우는지 아는가? 소리꾼덜이 흥부전 헐 때 소락때기를 질르면서 머라 허잖던가? 언뜻 가숩게 들으먼 '지지배배' 그렇게 우는 것 같지만, 귀를 빤뜨시 허고 잘 들으먼 '지지위지지 부지위 부지 시지'라고 운다등마. '아는 것을 안다고 허고 몰몽 것을 몰론다고 허는 것이 아는 것(知之爲知之 不知爲不知 是知)'이라고 말이여. 참 용혀, 어치케 제비 새끼덜이 공자님 말씀까지 알었으까 이잉~. 누에는 또 어찌간디~. 살어서는 비단 맨들어 주지, 죽어서는 가루가 되아 사람 몸보신 시켜 주지. 부처님도 그런 부처님이 읎어. 지가 구지 뽕낭구라고 우겨서 이름을 얻은 꾸지뽕나무라고 있는디, 그 잎은 보통 뽕나무 잎보다 뻐시고 두꺼워. 근디 그 꾸지뽕나무 잎 먹고 큰 누에덜 실은 장에 가면 두 배로 받어. 그 실로 짠 비단 색깔도 몇 배나 곱고…. 나 어릴 적으 보면 꾸지뽕나

무 잎 멕여서 누에 키울라고 다덜 애덜 많이 썼어. 근디 그 잎 먹은 누에덜은 많이들 죽어. 아무려도 잎사구가 뻐셔서 목이 멕히고 소화도 잘 안 될 거싱게. 머든지 시상에 공것이 있간디?"

"하따, 많이도 알고 있네 이잉~. 나이 오십이면 '지비(知非)'라고 허는디…. 그 제비 이름이 바로 그 '지비' 아닌가 몰로겄네. 그때까정, 긍게 49년 동안 잘못 살아온 것을 인자사 알게 되는 나이라는 뜻인디, 제비도 한 50년 살면 어디 공자님 말씀만 알겄는가? 정말 시상 만물이 '글자 없는 하늘이 쓴 책[無字天書]'이네그려! 잠자리가 왜 아실아실헌 간짓대 우그나, 흔들거리는 나무 끄트리에 안즐라고 허겄능가. 좋은 디 놔두고 왜 배랑빡에 한사코 코박고 있겄능가. '새비잠을 자도 고래 꿈을 꾸야 헌다'고 그러잖던가? 하루점드락 정신을 바짝 채려야 즘생이나 사람이나 포도시 하루 먹고 사는 거신디~. 요즘 젊은 사람덜은 등 따숩고 팬한 것만 좋아헝게. 이 시상으서 질로 무선 즘생이 두 발 달린 즘생일 거여! 사람 새끼는 홍어 속같이 좀 썩어야 꽃이 되는 뱁인디…. 다덜 두름박줄이 짧다고는 안 허고 시암물이 말랐다고만

허니…."

"느자구 없는 것들. 징글징글 애송받치게 허는 조카자식 놈이 하나 있는디, 몸은 똠방허고 싸대기는 깨진 돌팍같이 싸납게 생겼어. 입술은 안반짝만 혀 갖고 썰어 담으면 한 접시는 될 거시네. 장개가고 제금나서 이날 이때까정 지 손으다가 흙 한번 묻쳐 본 적 없고, 쬐깨 머라 허먼 댑대로 으시딱딱허게 눈 크게 뜨고, 때까우 삶아 먹은 소리로 악떼기를 쓰는디, 입 가상에 버큼이 흐옇게 뜨는 것이 영락없는 또망 가상에 흔 밍경이여. 나 같으면 송신증 나서 못 있겄도만. 하루점드락 방에 둔너서 새똥 빠진 소리나 해쌓고, 해저름판에 도둑괭이 모냥 살그머니 나가서 노름이다 뭐다 온갖 배락 맞을 짓은 다 허고 댕긴다등마. 한번은 중국 가서 사업헌다고 하도 돈 도라고 헝게, 갸네 애비가 '워너니 그렇커따' 험서도 돈 좀 줬는 개빈디, 그럼 그렇지 지놈이 사업은 무신 사업이여, 나중에 봉개 스위스 떼끼칼 하나 사 왔다등만. 하이고 자식이 머간디 그런 속창시 없는 것들은 기양 팍…."

"하이고 지발 내싸두더라고 이~잉. 내 자식도 단도리 못 허는디 조카자식까정 어치께 상관헌당가? 둠벙 파 놓응개 깨구락지덜이 질 먼저 와서 지랄헌다고. 그려도 그 집은 부모가 돈이 좀 있능갑고만. 어디 기댈만 헌 디가 있응개 그것 믿고 그 지랄이지. 허기사 이 시상 자식 둔 부모 맴이야 다 푹푹 콧짐 내는 무쇠 화로여. 살다 봉게 눈에 누네피꽃이 피어서 그러능가 몰라도 '피는 물보다 진허다'는 거 말짱 황이도만. 피련허고 말도 말어. 웬수도 그런 웬수가 읎어. 차라리 물이 피보다 천배 만배 진헌 것 같혀. 우리의 사명은 그서 늙는 깃인게. 다른 것은 모다 암시랑토 안 허다고 생각허고 그저 한 발 한 발 꽉 속으로 들어가먼 되는 거시여! 걸레 시님 중광(1935~2002)은 저 시상으로 가면서 '괜히 왔다 간다'고 혔담서? 일본 어떤 시님(모리야 센얀)은 '내가 죽으면 술통 밑에 묻어 달라'고 혔다등마. '운이 좋으면 밑둥이 샐지도 모른' 담서. 좋으나 싫으나 이 시상은 인자 젊은 사람덜 거시고만."

"낸장 맞을! 저 시상 입고 가넌 옷엔 개찜이 없잖은가? 평생 밸 것도 없으면서 남덜 앞서서 매칼없이 째내고 산 거 같어 부끄럽고만. 말캉 우그 앉어서 먼 산을 보고 있으면, 그 산 기운이 나를 막 잡아땡기는 것 같혀. 먼 디서 아득허니 깽매기 소리도 들리고. 빨리 저승길 가는 사진이나 한 장 박아 놔야 쓸 거신디. 추사 김정희 선생이 저승길 가기 바로 전에 그린 초상화가 생각나는고만. 참으로 대단헌 자화상이여!

김정희 자화상. 선문대학교 박물관 소장

칠십 노인네 얼굴이야 옛날이나 지금이나 머가 다르겄는가. 근디 지금 사진보다 천배 만배 살아 있어. 탕건 쓴 불뚝 머리에 눈밑으 그늘도 그렇고, 옹 다문 입술, 쬐깨 두툼헌 고집스런 얼굴, 특히 그 초상화에 쓴 글이 가슴을 후려쳐 부리도만 그려. 글씨년 말할 것도 없고.

  '이 사람을 나라고 혀도 좋고, 나가 아니라고 혀도 좋다. 나라고 혀도 나고, 내가 아니라고 혀도 나다. 나이고 나 아닌 것 사이에 나라고 헐 것이 없다. 껄껄!(謂是我亦可 謂非我亦可 是我亦我 非

我亦我 是非之間 無以謂我 呵呵)'

　그려! 내가 꿈을 꾸고 있는 거신지, 나비가 나를 꿈꾸고 있는 거신지 당최 모르겄어. 내가 거시기이고, 거시기가 나고, 거시기가 거시기이고, 거시기가 나라고 혀도 나고, 아니라고 혀도 나고, 거시기와 거시기 사이에 거시기라고 헐 것이 읎다는 말이지. 근다고 거시기가 어디 가는 것도 아니고, 참말로 거시기허고, 머시기허고, 거시기허고마안~! 근디 이런 말 젊언 사람덜 한티 말혀 주먼 안 되는디 이잉~. 고수는 아름다운 꽃 쪼깨 보았다고 누구 헌티 그 꽃 이름 안 알켜 주는 거시여! 그게 인생 고수여! 가실언 호박으다가 된장 넣고 뻘떡기 끓여 먹으면 참 맛있는디…. 인자 이빨이 없응게 기는 못 깨물어 먹고 그 말국허고 호박만 먹어야 쓰겄고만 이~잉."

16
...

의자 몇 개 내놓을 도시

병원에 갈 채비를 하며
어머니께서
한 소식 던지신다

허리가 아프니까
세상이 다 의자로 보여야
꽃도 열매도, 그게 다
의자에 앉아 있는 것이여

주말엔
아버지 산소 좀 다녀와라
그래도 큰애 네가
아버지한테는 좋은 의자 아녔냐

이따가 침 맞고 와서는
참외밭에 지푸라기도 깔고
호박에 똬리도 받쳐야겠다

그것들도 식구인데 의자를 내줘야지

싸우지 말고 살아라
결혼하고 애 낳고 사는 게 별거냐
그늘 좋고 풍경 좋은 데다가
의자 몇 개 내놓는 거여

- 이정록, 〈의자〉 전문

 한여름 밤. 마당 평상에 큰대 자로 벌렁 눕습니다. 한낮 무더위에 헉헉거렸던 누렁이도 땅바닥에 몸을 광어처럼 납작 엎드립니다. 등판이 썬득썬득합니다. "찌르르~ 찌르르~" 풀벌레 소리. 가을이 멀지 않았습니다. 마당가 꽃밭엔 채송화 · 봉숭아 · 분꽃 · 과꽃 · 수국 · 옥잠화 · 맨드라미 · 다알리아 · 나리꽃이 달빛에 가득합니다. 껑충 큰 해바라기가 담장 위로 목을 쑥 내밀고 소처럼 웃고 있습니다.

밤하늘엔 은하수가 하늘 한가운데를 흐릅니다. 천억 개가 넘는 별들이 흐르는 강. 은하수를 사이에 두고 견우별과 직녀별이 동

서로 마주보고 있습니다. 견우별은 독수리자리에서 가장 밝은 일등성. 직녀별도 거문고자리 일등성. 여기에 은하수에 잠겨 있는 일등성 데네브(deneb, 백조자리 꼬리 부분)를 연결하면 '여름 밤하늘의 대삼각형'이 됩니다. 소위 별지기들이 말하는 '한여름 밤 트라이앵글'입니다.

  달이 너무 밝으면 별빛이 흐립니다. 별은 그믐밤일수록 더 초롱초롱합니다. 도시의 불빛이 잠시 숨을 죽이는 새벽녘에야 별들은 반짝반짝 눈을 뜹니다. 하지만 요즘 도시는 잠이 없습니다. 공기도 뿌옇습니다. 끊임없이 웅웅거립니다. 불빛을 번쩍거립니다. 개 짖는 소리, 술꾼들 고함소리, 화물차 브레이크 밟는 소리, 에어컨 돌아가는 소리….

  도시 생활은 어디 하나 변변히 '의자' 놓을 데가 없습니다. 사는 게 정말 뭐 별건가요? '그늘 좋고 풍경 좋은 곳'에 의자 몇 개 내놓는 것 아닌가요? 하지만 그게 어디 말이 쉽지, 바늘 하나 꽂을 데가 없습니다. 적막강산. 그저 막막하고 팍팍합니다. 가도 가도 땡볕 황톳길. 머리에 시도 때도 없이 쥐가 납니다. 지끈지끈 머릿속이 쑤십니다.

반바지에 슬리퍼 끌고 집을 나섭니다. 여기저기 동네 골목길을 무심하게 어슬렁거립니다. 덩달아 따라나선 아이도 강아지처럼 촐랑댑니다. 내 손안에서 꼼지락대는 아이의 손가락이 살갑고 풋풋합니다. 해질녘 골목마다 구수한 된장국에 매콤한 찌개 냄새. 여기저기 개 짖는 소리. 삐~꺽 대문 여닫는 소리…. 가슴에 강 같은 평화가 잔잔히 밀려옵니다. 머리에 난 쥐가 슬그머니 사라집니다.

어슬렁대기가 싫증나면 자전거를 탑니다. 느릿느릿 구렁이처럼 동네를 슬슬 맴돕니다. 살갗에 스치는 바람이 싱그럽습니다. 눈 가까이 하늘을 가득 메운 밀잠자리들이 춤을 춥니다. 휘익~ 휘익~ 앞으로 나갔다가, 갑자기 쑤욱~ 바람을 타고 허공에 솟아오릅니다. 잠자리들의 '바람 파도타기'입니다.

자전거는 둥글둥글합니다. 두 개의 동그라미가 한 개의 동그라미를 업고 굴러갑니다. 자전거를 타면 누구나 동그라미가 됩니다. 뻣뻣한 할머니, 할아버지의 허리도 둥글게 휩니다. 푹 꺼진 엉덩이의 굴곡이 풍선처럼 둥글게 부풀어 오릅니다. 울혈과 분노로 가득 찬 가슴도 스르르 풀려 둥글어집니다.

당신의 다리는 둥글게 굴러간다

허리에서 엉덩이로 무릎으로 발로 페달로 바퀴로

길게 이어진 다리가 굴러간다

당신이 힘껏 밟을 때마다

넓적다리와 장딴지에 바퀴무늬 같은 근육이 돋는다

장딴지의 굵은 핏줄이 바퀴 속으로 들어간다

근육은 바퀴 표면에도 울퉁불퉁 돋아 있다

자전거가 지나간 길 위에 근육 무늬가 찍힌다

둥근 바퀴의 발바닥이 흙과 돌을 밟을 때마다

당신은 온몸이 심하게 흔들린다

비포장도로처럼 울퉁불퉁한 바람이

당신의 머리칼을 마구 흔들어 헝클어뜨린다

— 김기택, 〈자전거 타는 사람〉에서

6, 7월 동트는 새벽. 한때 전주 덕진 연못에 가면 연꽃 터지는 소리를 들을 수 있었습니다. 온 정신을 가다듬어 귀를 쫑긋하고 있으면 "투욱~ 툭~" 실밥 터지듯 잇따라 꽃봉오리 벙그는 소리.

전주 덕진공원 연못에 가득 핀 연꽃

그 순간 은은하게 후욱~ 밀려 나오는 연꽃 향기. 하지만 이젠 글렀습니다. 주위 온갖 시끄러움 때문입니다. 사위가 쥐죽은 듯해야 실낱 같은 그 소리를 잡아낼 수 있는데, 끊임없이 웅웅거리는 도시의 거대한 소음은 그 소리를 단박에 삼켜 버렸습니다.

전주의 뒷골목도 거의 사라졌습니다. 아이들이 금방이라도 쏟아져 나올 것 같은 완산동·다가동·고사동·중화산동·서신동의 연탄재 묻은 골목길. 피아노 소리가 담장 넘어 아침 햇살에 부서져 내릴 것 같은 중앙동·풍남동·노송동의 정갈한 골목길.

전주에서 자전거 타는 것도 포기해야 합니다. 길도 좁은데 자동차들은 하나같이 으르렁거리며 달립니다. 집채만 한 화물차들이 한밤 경기전 전동성당 사이 앞길을 악쓰며 달립니다. 택시들이 중앙동 좁은 길을 쌩쌩 달립니다. 무섭습니다. 식은땀이 납니다.

색시같이 조용하고 고즈넉하던 전주가 시끄러워졌습니다. 뒤숭숭하고 어수선해졌습니다. 느릿느릿 여유와 멋의 양반 도시가 자동차 중심의 도시가 돼 버렸습니다. 한옥마을 주변도 언제 자동차가 튀어나올지 걷기가 무섭습니다. 위쪽 오목대를 스쳐 남원

전주 한옥마을

쪽으로 빠지는 큰길엔 화물차들이 끊임없이 알통을 불끈거리며 붕붕댑니다.

뭔가 잘못됐습니다. 전주 4대문 안쪽만이라도 사람 중심의 교통 체제를 갖춰야 합니다. 꼭 필요한 경우가 아니라면 자동차 통행을 제한해야 합니다. 생각 같아선 모두 걷거나 자전거로 다니는 길이 됐으면 좋겠습니다. 프랑스 파리의 '무인 자전거 대여 시스템 밸리브(velib)'에서 배울 게 많습니다. 한 달 이용자 300만 명. 대여소 750곳. 30분 이내 이용 무료. 하루 종일 타도 1유로만 내면 되고, 반납도 꼭 빌린 곳이 아니라 가까운 대여소에 하면 됩니다.

전주는 걷거나 자전거 타고 어슬렁어슬렁 돌아보기 딱 좋은 도시입니다. 밤이 되면 한옥마을 평상에 누워 별 헤아리기 안성맞춤입니다. 그런 의미에서 가로등 불빛의 밝기도 줄여야 합니다. 별빛을 보려면 전기 불빛이 너무 밝으면 안 됩니다. 처음 찾는 이가 자전거로 옛 도청에서 '덕진 연못 연꽃 터지는 소리'를 들으러 갈 수 있다면 얼마나 황홀할까요?

전주는 웅숭깊은 도시입니다. '마당 깊은 집'입니다. '우묵배미 동네'입니다. 늙은 느티나무 아래 놓여 있는 평상 같은 도시입니다. 사는 게 뭐 별건가요? 평상에 누워 별을 헤아릴 수 있으면 으뜸 아닌가요?

17
...

꽃자리

지나온 어느 순간인들
꽃이 아닌 적이 있으랴.

어리석도다
내 눈이여.

삶의 굽이굽이, 오지게
흐드러진 꽃들을

단 한 번도 보지 못하고
지나쳤으니.

― 송기원, 〈꽃이 필 때〉 전문

그렇습니다. '시방 앉은 자리가 꽃자리'인 줄도 모르고 그렇게 살았습니다. 중학교 시절. 곧잘 다가공원 벤치에 앉아 있곤 했습니다. 수업이 끝나자마자 달려가서 땅거미가 어둑어둑해서야 내려왔습니다. 해는 예수병원 쪽 서원

전주 다가공원

너머로 넘어가고, 나는 붉은 노을을 등지고 앉아서 저무는 전주 시내를 하염없이 바라봤습니다. 여기저기 밥 짓는 냄새, 컹컹 개 짖는 소리, 엄마들의 아이들 부르는 소리, 자동차의 빵빵거리는 소리, 이곳저곳 실타래처럼 풀어져 오르는 연기….

  앞쪽 저 멀리엔 기린봉이 어둠 속으로 젖어 듭니다. 화가 이중섭의 그림 '소'처럼 뼈로 남아 가만히 앞발을 웅크리며 엎드립니다. 남고산, 완산칠봉, 서산, 천마산, 건지산, 고덕산이 차례로 아슴아슴 사라집니다. 그 잔등 위로 하나둘 초저녁별이 떠오르기 시작합니다. 영락없는 '새 한 마리만 그려 넣으면 / 남은 여백 모두가 하늘이어라(이외수, 〈화선지〉 전문)'입니다.

전주는 언제나 8할이 하늘이었습니다. 산과 산이 겹치는 외곽 어깨는 완만한 둥근 선입니다. 집들은 그 하늘 아래 들꽃처럼 낮게 엎드려 있었습니다. 그것뿐입니까? 바로 그때쯤, 완산칠봉 용머리고개 어디에선가 판소리 가락이 들려오기 시작합니다.

"이 산 저 산 꽃이 피니 분명코 봄이로구나. 봄은 찾아 왔건마는 세상사 쓸쓸허도다. 나도 어제 청춘일러니 오늘 백발 한심하구나. 내 청춘도 속절없이 가 버렸으니, 왔다 갈 줄 아는 봄을 반겨 헌들 무얼 할꼬? 봄은 왔다가 갈려거든 가거라."

또랑광대도 되지 못한 풋내기들의 앳된 소리입니다. 이제 겨우 단가를 배우고 있습니다. 언제 갈고 닦아 임방울 선생의 쑥대머리 같은 '소름끼치는' 수리성을 낼 수 있을까요? 탁한 구정물 속에서 한 줄기 맑은 샘물 같은 소리, 시커먼 먹장구름 사이로 언뜻언뜻 푸른 하늘이 보이는 듯한, 귀신이 울부짖는 소리. 마음이 찢어질 듯, 애가 닳듯, 가슴 저 한편이 와르르 무너지듯, 생각만 해도 저릿하고 멍멍합니다. 육자배기는 또 어떻습니까? 낭창낭창

버드나무 휘어지듯, 와르르 와우아파트 무너지듯, 흐느끼듯, 가슴을 칼로 도려내듯….

판소리에는 누가 뭐래도 '그늘'이 있어야 으뜸입니다. 하늘이 낸다는 천구성은 왠지 가슴에 와 닿지 않을 것 같습니다. 수십 년 동안 피를 토하며, 똥물을 먹어 가며, 비로소 얻어지는 거칠고 곰삭은 소리(수리성). 그런 소리 한 자락, 어디 다시 들을 데 없을까요?

꿍따리샤바라! 환장할 봄입니다. 모악산 자락에 살포시 숨어 있던 동네, 중인리가 생각납니다. 우전리 삼천동 지나 모악산 발톱을 연분홍으로 물들이고 있는 마을. 이맘때쯤이면 복숭아꽃, 살구꽃이 꽃 대궐을 이루고 있는 '곰삭은' 동네. 돌담길 고샅에 탱자나무 울타리 그리고 오래된 정자나무. 눈부신 달밤에 까르르 웃고 있는 복사꽃, 살구꽃들. 아기 보살이 따로 없습니다.

하지만 지금은 '꽝'입니다. 말짱 '황'입니다. 안타깝습니다. 더 이상 살구꽃은 보이지 않습니다. 복사꽃도 점점 사라지고 있습니다. 대신 '돈을 더 벌 수 있는' 어린 배나무가 그 자리를 메우고 있습니다. 소박하고 나지막했던 집들도 삐까번쩍 요란하게 새로 짓고 있습니다. 어느 집에선 개떼들이 온종일 행인들을 향해 짖어 댑니다.

다가산에 올라 봐도 마찬가지입니다. 삐쭉삐쭉한 집들이 하늘을 찌를 듯 서있습니다. 더 이상 어둠이 와도 별들은 뜨지 않습니다. 기린봉도 남고산도 보이지 않습니다. 건지산, 고덕산은 아예 어디 있는지조차 알 수 없습니다. 한옥마을도 겉만 번드르르 하지 속은 모텔이나 다름없습니다. 전주는 이제 8할이 건물입니다. 집과 광고가 공간을 가득 메우고 있습니다. 하늘은 겨우 2할밖에 남아 있지 않습니다. 새를 한 마리 그려 넣어도 그 새는 그만 '새장의 새'가 돼 버립니다. 전등불빛이 너무 밝으니 별빛도 흐립니다. 그 암소 잔등 같은 둥근 선은 아스라이 사라져 버렸습니다. 전주는 이제 직선입니다.

눈을 감습니다. 도대체 그 은근하고 곰삭은 맛은 모두 어디로 사라졌을까요? 숭늉같이 구수한 멋은 어디로 날아갔을까요? 느릿느릿 어눌하면서도 찰방지고, 옹골지고, 아금박스럽던 마음은 왜 보이지 않을까요? 놋쇠 주발처럼 쨍! 쨍! 하던 딸깍발이들은

전주 톨게이트

다 어디로 갔을까요?

    곰삭은 흙벽에 매달려

    찬바람에 물기 죄다 지우고

    배배 말라 가면서

    그저, 한겨울 따뜻한 죽 한 그릇 될 수 있다면…

                                - 윤종호, 〈시래기〉 전문

고속도로에서 전주로 들어오다 보면 톨게이트가 있습니다. 거기에 써 있는 글씨를 볼 때마다 빙그레 소같이 웃습니다. 한글로 아무렇게나 비뚤배뚤 쓴 것 같은 '전주'. 보면 볼수록 정감이 갑

전주 호남제일문

니다. 어머님이 살아계셨을 적 몽당연필로 침 발라 가며 꾹꾹 눌러 써서 보내 주신 편지가 떠오릅니다. '밥 마니 머꼬, 술은 쬐께만 머그라 이잉?'

투박하지만 보리밥 알갱이의 둥근 선이 묻어 있는 글씨. 우우우! 동학농민군의 함성이 들립니다. 녹두장군이 생각납니다. 그저, 한겨울 따뜻한 죽 한 그릇이 되고자 했던 사람. 울 밑에서 말없이 꽃피운 맨드라미, 채송화 같은 사나이. 징게 밍게 그 너른 들판에서 온몸으로 맞바람을 맞던 거름 꽃. 후천개벽의 시대. 들꽃같이 소박한 그러나 옹골지고 웅숭깊은, 내 누님 같고 묵은 지 같은, 그런 봄 동산 같은 전주가 됐으면 참 좋겠습니다.